DIET LIES AND
WEIGHT
LOSS

运动饮食指南

揭示**12**种流行饮食_{方案}的**真相TRUTHS**

[英]梅洛迪·舍恩菲尔德 Melody Schoenfeld
[英]苏珊·克莱纳 Susan Kleiner ◎著　　张 冰　熊莹喆◎译

人民邮电出版社

北京

图书在版编目（CIP）数据

运动饮食指南：揭示12种流行饮食方案的真相 / （英）梅洛迪·舍恩菲尔德（Melody Schoenfeld），（英）苏珊·克莱纳（Susan Kleiner）著；张冰，熊莹喆译 . — 北京：人民邮电出版社，2022.4
ISBN 978-7-115-57656-9

Ⅰ. ①运⋯ Ⅱ. ①梅⋯ ②苏⋯ ③张⋯ ④熊⋯ Ⅲ. ①健身运动—指南②饮食卫生—指南 Ⅳ. ①G883-62 ②R155-62

中国版本图书馆CIP数据核字(2021)第206361号

免责声明

　　本书内容旨在为大众提供有用的信息。所有材料（包括文本、图形和图像）仅供参考，不能用于对特定疾病或症状的医疗诊断、建议或治疗。所有读者在针对任何一般性或特定的健康问题开始某项锻炼之前，均应向专业的医疗保健机构或医生进行咨询。作者和出版商都已尽可能确保本书技术上的准确性以及合理性，且并不特别推崇任何治疗方法、方案、建议或本书中的其他信息，并特别声明，不会承担由于使用本出版物中的材料而遭受的任何损伤所直接或间接产生的与个人或团体相关的一切责任、损失或风险。

内 容 提 要

　　本书将为有过无数次减肥经历而没有成功，希望持久改变生活方式的人群提供帮助。本书分为3部分，共20章。第1部分介绍了减脂需要了解的基本知识和12种流行的减脂饮食方案的真相；第2部分帮助读者制订饮食计划和设计适合的饮食方案，并提供了科学运动的建议与方法；第3部分则从生物学、心理学的角度分析了减脂的方法，阐释了设定目标、避免常见减脂问题的策略。本书致力于阐明科学饮食的真相，为读者提供健身减脂方面的指导；并通过合理运动及控制日常生活习惯科学减脂，帮助读者在获得好身材的同时，也能获得健康的身体。

◆ 著　　　[英] 梅洛迪·舍恩菲尔德（Melody Schoenfeld）
　　　　　 [英] 苏珊·克莱纳（Susan Kleiner）
　　译　　　张　冰　熊莹喆
　　责任编辑　刘日红
　　责任印制　马振武

◆ 人民邮电出版社出版发行　　北京市丰台区成寿寺路 11 号
　　邮编　100164　电子邮件　315@ptpress.com.cn
　　网址　https://www.ptpress.com.cn
　　固安县铭成印刷有限公司印刷

◆ 开本：700×1000　1/16
　　印张：13.25　　　　　　　　　　2022 年 4 月第 1 版
　　字数：174 千字　　　　　　　　 2024 年 10 月河北第 5 次印刷
　　著作权合同登记号　图字：01-2021-3199 号

定价：88.00 元
读者服务热线：(010) 81055296　印装质量热线：(010) 81055316
反盗版热线：(010) 81055315
广告经营许可证：京东市监广登字 20170147 号

目录

第2部分

第3部分

资源与支持

配套服务

扫描右侧二维码添加企业微信:

1. 即刻领取本书延伸资源。

2. 加入体育爱好者交流群。

3. 不定期获取更多图书、课程、讲座等知识服务产品信息,以及参与直播互动、在线答疑和与专业导师直接对话的机会。

序

梅洛迪·舍恩菲尔德（Melody Schoenfeld）

我知道你在想什么。

"太棒了！又是一本减肥书。"

你这么想完全没错。事实是，减肥行业已经创造了（并且还在继续创造）许多百万富翁。你所要做的就是想出下一个"神奇的终极秘诀，能为你带来梦寐以求的体形"。

我不会做这样的承诺，因为我没有这样的魔力。

如果你正在寻找饮食计划，一些节食方案或一些会改变你生活的神奇食材，那么这本书不适合你。

如果你正在寻找"一夜之间锻炼出6块腹肌的万能终极解决方案"，那么这本书也不适合你。

如果你对现有的所有信息感到困惑，或者你曾经进行过无数次减肥而没有成功，或者你一直在考虑一种特定的饮食并想更深入地了解它，或者你只是喜欢阅读有关饮食科学的信息，那么这本书很可能适合你。

我写这本书是为了阐明有关最新的饮食趋势的科学真相。我会解释哪些方案是可行的，哪些方案可能有问题，并对为了推销特定计划而说的谎言做一些驳斥。我们不断被各种矛盾的信息轰炸，让我们面对现实吧，这些信息让我们感到困惑和头疼。不妨将这本书想象成是我把我的外套扔到信息泥塘上，帮助你穿过这片信息泥塘并且不会弄脏鞋子。

因此，请尝试放弃这是另一本减肥书的想法，与我一起探索如何持久地改变生活方式。也希望你不必再读其他减肥书。

前言

苏珊·克莱纳（Susan Kleiner）

是的，没错。所有的饮食都有效……对某些人而言。总的来说，我们都是饮食专家：采用一种饮食方案，之后为了尝试另一种方案又放弃这种方案。找到可以坚持一生的饮食方案，就像在彩虹尽头发现一罐金子，虽然发现一罐金子是个神话故事，但找到最终的饮食方案不是神话故事。你确实需要一些帮助来区分真相与谎言，而本书将为你提供帮助。

饮食与运动的世界充满神话、骗术和欺诈。很难把客观的指导与片面的建议区分开。有人会认为寻找无偏见的作者的最简单方法是查找原创的科学文献，但是如今，一些发表文献的学术作者并没有公开其利益冲突，一些学术期刊也未要求作者声明可能的利益冲突，甚至受过高等教育的专业人士也可能很难解释某些出版物的诚实性。在书籍、杂志、纪录片和网站中都很难找到真相，它们最初都以真相作为内核，但是后来省略了一些证据，并歪曲了词句，使他们描述的故事带有偏见，影响受众。

消费者有时会被这种误导忽悠，但是当这种误导对他们失效时，他们就会想要真正的答案。

还有一线希望！真正的科学、真正的证据和真正的答案还在。与大多数个人的事情一样，你必须确定哪个答案最有助于你实现目标，而弄清楚答案的最佳方法是，拥有可以指导你自己做出选择的真实信息。

在这本书中，梅洛迪以非常清晰且易于理解的方式为你完成了这项工作。你不需要成为科学家就能掌握科学知识，也不需要成为营养师就能了解饮食。这就好像在健身房或聚会上，她就站在你旁边，而你问她你想要尝试的最新饮食方案是否合适，她会带你了解每种饮食方案的优势和劣势，于是，你将能够确定这个饮食方案会让你最终达到目标，还是需要从列表中完全划掉它。

强烈建议你从头开始阅读这本书，不要急于跳到结尾，想在那里找到最终答案。寻找解决方案需要理解问题，评估障碍，然后制订取得成功的策略。本书第1部分将提供一些信息，帮助你理解前进过程中的问题和障碍。成功的减肥计划的基本概念有哪些？你可能会遇到哪些困难？你如何评估营销策略和硬性推销技巧，从而过滤炒作，了解事实？本书中讨论的12种流行饮食方案的真相是什么？

第2部分将指导你制订饮食计划策略，设计适合你的饮食方案，避免饮食世界中的谎言和陷阱。你甚至会看到营养方案的样本菜单，根据研究数据，这些方案既有助于增进健康又有助于减肥。这些是你可以永远遵循的计划。

第3部分包含一些真实故事，这些故事中的梅洛迪成了出色的老师和向导。你将读到她为客户提供的建议——没有糖衣炮弹，没有软弱无力和优柔寡断。你将获得直率、诚实的答案，同时也会产生共鸣。

在这本书中，梅洛迪以智慧、幽默和实用的建议，几乎回答了所有想通过饮食减脂的人们的每个问题。梅洛迪"一针见血"的写作风格简洁实用，因此，这是每位节食者和指导者都应人手一册的值得信赖的循证指南。

第1部分

我知道健身连锁店有一个非常成功的商业模式。他们有一个非常聪明的社交媒体营销方案，包括每天的健身课程。通常，你给他们一定的预付款，他们就会承诺在6周时间内让你减掉20磅（1磅≈0.454千克，余后不再标注）。如果减肥成功，你的钱将退还给你。在这6周内，他们为你制订了极为严格的饮食计划（当然包括他们出售的营养品），同时每周5天在他们的健身房里折磨你。如果6周结束时，你的体重没有减少至接近20磅的标准，他们会更多地限制你的饮食，甚至严格限制你的饮水量。

6周结束时，很多人都达到了减重20磅的标准。当然会达到，当你被迫进入极度的热量缺乏状态时很难达不到标准。老实说——看到减掉这么多磅是令人兴奋的，也是令人鼓舞和振奋人心的，特别是朋友和家人会看到这样的变化，一些朋友和家人很有可能也会加入进来。因此，这个过程将继续循环下去。

这是一个很棒的商业营销模式。如此优秀以至于我发现我所在地区的数家不同的健身连锁店都采用了类似的方式，我还知道有一个非常昂贵的健身认证机构也采用了这种计划。这些健身连锁店提供了一些人"之前"和"之后"

的对比照片。这些人经过若干周的健身计划后，突然变得容光焕发和肌肉发达（我从其中一位参与者那里了解到，"之后"的照片通常是在拍摄对象极度脱水的情况下，在非常强的补光下拍摄的，因此看起来特别疲倦。在最后阶段，很多人都筋疲力尽，甚至放声大哭，完成魅力镜头的拍摄后，每个人都出去吃很多披萨。）人们看到这些照片并受到了鼓舞。天呐，光是看看这些照片我就大受鼓舞。

这里有一个问题：没有人（好吧，几乎没有人）希望永远以蒸熟的蔬菜和罗非鱼为生，很少有人能够长时间维持极度的热量缺乏和坚持严格的锻炼方案。这根本是一个不现实的计划。

事实是，每种饮食方案都能起作用，每种饮食方案都有其优缺点。每种饮食都能起作用的一个主要原因是：热量缺乏。意思是说，每种饮食方案的原理通常归结为摄入的热量少于消耗的热量。如果加上运动，那么消耗的热量也会增加，从而导致热量更加缺乏。简而言之：如果我每天消耗1000千卡（1卡 ≈ 4.186焦，余后不再标注），摄入1500千卡，我可能会长胖；如果我每天消耗1000千卡，摄入500千卡，我可能会变瘦。顺便说一句，请不要每天仅摄入500千卡，谢谢。

有些食物比其他食物更容易吃下去：我可以不假思索地一口气吃下一条法国面包；我吃掉一整袋薯片的次数多得我都不愿承认；有一次我一口气吃掉了一个奥利奥饼干全家桶；然而，我吃的西蓝花从未超过我一天消耗的热量，这就是垃圾食品存在问题的原因。食物本身不是问题，问题在于一次吃下一堆食物的容易程度。所以，当你津津有味地吃下高脂、高糖、高盐但极度美味且让人难以抵抗的（对于想在聚会上用一个好词给人留下深刻印象的人，可以表达为，超级美味的）食物时，很容易让一天中摄入的热量超标。并不是说西蓝花不好吃（反正我喜欢吃），但你不会发现我一口气吃下好几朵西蓝花。

所以，减肥的一种比较容易的方法就是用蔬菜、100%全谷物或发芽谷物面包以及健康的蛋白质等食物来代替超级美味的食物（听起来很顺口，对吧？）。许多饮食方案都遵循这样的路线——淘汰某些食物，甚至排除整类食物——在默认情况下，你最终会摄入更少的热量。

但是，让我们更详细地研究一下这种方法。

在本部分，我将详细分析你可能听说过，考虑过尝试，甚至可能尝试过的许多饮食方案。对于每种饮食方案，我都会分析它们为什么起作用（剧透警报：某种程度上讲它们几乎都能起作用），你可能会在这些饮食上遇到的问题，以及为了让你上当，你可能听说过有关该饮食的一些不太真实的信息。最后，我还会总结一下每种饮食的优缺点，以供缺乏时间或耐心的人查阅。本书末尾会列出我的所有参考文献，如果你想深入分析和自己做一些研究，这些文献对你来说可能是个不错的起点。

在阅读本书时，你可能会想："嘿，我尝试过某种饮食，它对我非常有效！"好吧，这就是问题所在，不是吗？如果你已经不再坚持，你的成果没有持续保持，那它对你就不起作用，请记住这一点。

第1章

低碳水化合物饮食

我 的朋友艾琳（Erin）向我讲述了她的低碳水化合物饮食的经历：

"我是一个很能吃的人，我很少有吃饱的感觉。20多岁时我发现自己患有多囊卵巢综合征（polycystic ovary syndrome，PCOS）。我了解到低碳水化合物饮食可能有所帮助，后来我也确实尝试了这种饮食。到30岁时，我的体重已经超过250磅，我开始停止称体重，我知道我必须做些事情控制体重。几年后，我终于将体重减到了230磅，但是我感到饥饿和痛苦。

当我第一次从一般性的低碳水化合物（每天少于100克）改为生酮饮食（20~30克）时，我遇到了与可怕的'酮流感'相反的情况，那就是我终于感觉我吃饱了。我记录自己的饮食情况，觉得可能是因为我比大多数人吃的碳水化合物少。我一直很认真地执行这种饮食方案，在不到6个月的时间里减掉了30磅——打破了我的记录。我最终短暂地将体重减到了200磅以下，感觉终于修补好了我与食物之间的不良关系。

然后我在朋友的订婚派对上吃了一块蛋糕。没问题，对吧？我想我一会儿就能回到生酮饮食的正轨。几周后，我在一次工作活动中喝了一杯饮料。在几天后的一个聚会上，我也喝了几杯饮料。然后假期到了，我离生酮饮食越来越远，我不知道该如何回到正轨。

我的健康指标告诉了我一个我试图忽略的事实：我的糖化血红蛋白（HbA1c）值从严格控制的5.3%提高到了9%以上。医生增加了我的二甲双胍剂量。我从减掉的30磅中恢复了20磅。我的生活在继续发生巨变，我挣扎着重新获得对食物的选择与控制的权利。

不管那些高碳水化合物食物在我的想象中多么美味，它们带给我的只有短期的多巴胺冲击和长期的负面影响。当我保持低碳水化合物饮食习惯、限制食物种类、远离深加工食品时，即使包装上宣传它们是低碳水化合物或生酮类的食品，我也会感觉自己的状态最好。"

真相

当我听到人们谈论减肥时，他们说的第一句话就是"我不能吃面包"或"不要再让我吃意大利面！"。低碳水化合物饮食似乎是减肥的新趋势，但是低碳水化合物计划是对每个人都有效的万能药吗？不吃三明治和意大利面真的会减轻体重吗？

低碳水化合物的生活方式作为一种减肥方式已经被推广了一段时间，现在具有不同的名称和略有不同的实施方法。以下是一些低碳水化合物的饮食计划：

- 原始饮食
- 穴居人饮食
- 阿特金斯饮食
- 生酮饮食
- 蛋白质能量
- 索诺玛饮食
- 杜坎饮食

还有更多，但是，这些是更受欢迎的低碳水化合物饮食。

当摄入的蛋白质和总能量相等时，低碳水化合物饮食的有效性肯定可以与其他类型的饮食相媲美[1-3]。一项荟萃分析（对有关一个主题的大量研究进行的考察）认为，当没有要求参与者需要维持特定的热量范围或增加运动量时，阿特金斯饮食比其他饮食更有效[7]。另外，2015年在一个代谢病房进行的一项研究（这意味着研究人员可以随时观察参与者的状况，控制食物和饮水的摄入量，以及日常的运动量等）表明，低脂饮食的减脂效果比低碳水化合物饮食更好，尽管两者都可以减脂[10]。值得注意的是，虽然在减脂方面，低碳水化合物饮食与其他饮食相比可能优劣难辨，但它们似乎都是有效的。

低碳水化合物饮食能减脂的主要原因在于它们的蛋白质含量高，与碳水化合物或脂肪相比，蛋白质似乎更容易产生饱腹感[4-6]。蛋白质是植物型还是动物型不是问题，两者都可以产生饱腹感并帮助减脂[8-9]。当你感觉不到饥饿时，你往往吃得更少，这意味着摄入的热量更少。当然，如果你摄入的热量比消耗的少，你的体重就会减轻。

> 虽然在减脂方面，低碳水化合物饮食与其他饮食相比可能优劣难辨，但它们似乎都是有效的。

低碳水化合物、高蛋白饮食能减脂的另一个原因在于蛋白质的热效应，也就是说蛋白质消耗的热量比碳水化合物或脂肪消耗的更多[11-13]。不仅如此，与低蛋白饮食相比，休息时高蛋白饮食消耗的热量也更多[14]，这意味着你可以在更长的时间内消耗更多热量，包括休息时。这可能是由于高蛋白饮食更能够维持肌肉量[14]。此外，生酮饮食有一个内在因素，是可以抑制食欲，这当然会导致进食减少，进而减轻体重[51]。

缺点

我知道你在想什么："哇哦！听起来真棒！我马上采用低碳水化合物饮食！"等等，别急，它也有一些缺点。有证据表明，一旦人体适应高蛋白饮食，蛋白质的饱腹感（即饥饿满足感）和热效应可能不会再持续下去[13]。尽管需要对此进行更多的研究，但这意味着从长远来看，应该采取其他的策略来确保持续减重。但是，一些对低碳水化合物饮食的长期研究表明，从长远来看，这些饮食仍然有效[14]。

同时，高脂、低碳水化合物饮食，例如阿特金斯饮食和生酮饮食，可能导致低密度脂蛋白（LDL）[15]或"有害胆固醇"升高。如果不加以控制，可能导致动脉硬化。尽管高脂、低碳水化合物饮食在短期内对心血管具有一定的益处，例如总体上减轻肥胖，降低2型糖尿病风险以及增加高密度脂蛋白（HDL）也就是"有益胆固醇"，但是有研究表明，这些益处可能不会长期持续下去[16]。有关这些类型的饮食对长期健康的影响，还需要进行更多的研究。

低碳水化合物饮食的另一个缺点是，它们经常会剔除对健康有益的食物，例如全谷物、豆类、水果和一些"禁忌"蔬菜（土豆、甜菜、胡萝卜和山药等）都富含对健康非常有益的不同营养素。除此之外，目前有研究表明，食用富含全谷物的食物可降低患心血管疾病的风险，降低身体质量指数，增强消化能力以及减缓体重增加[42]。摒弃这些食物可能对身体造成伤害。

极低碳水化合物的饮食，例如生酮饮食，可能会影响运动表现。在生酮饮食与运动能力的关联研究中，很大一部分没有对照组，设计不当或在其报告中存在明显的潜在偏见。尽管需要对此问题进行更多研究，但目前的研究结果表明，生酮饮食在耐力和力量方面的表现与高碳水化合物饮食相当或略低于高碳水化合物饮食[43]，这可能会影响增肌能力[44]。目前的研究都没有发现生酮饮食在运动促进方面有任何优势。

低碳水化合物、高蛋白饮食的最大难点在于坚持[14]。坚持如此严格的饮食习惯并不容易，许多人都中途放弃了。但是，如果坚持下去，并且做一些智慧的选择，那么低碳水化合物、高蛋白饮食将是一种非常有效的减肥方法。

谎言

我看到过许多关于各种低碳水化合物饮食的负面言论。让我们继续揭穿这些谎言。

培根

培根不是神奇的健康食品，我知道这似乎是常识。但是培根无处不在，并且在许多流行的低碳水化合物计划中根深蒂固。大多数食物都把培根包裹在里面，隐藏在里面，涂抹在里面，甚至用培根油来烹调。但是，加工肉、红肉和腌制肉与癌症、心脏病和几乎所有会导致死亡的疾病因素相关联[20-21]。

查看这些研究的结果时，一定要注意其中许多是流行病学研究，这意味着对特定人群进行的研究，调查了他们的饮食或生活方式的各种要素，以分析是否有可能与所研究对象存在关系。因此，尽管食用生肉和加工肉与这些病症存在着关联，但我们不能肯定地说它们就是根源，而不是其他一些生活因素（或这些食物和特定生活因素的组合）。这个问题也可能与肉的制备方式有关；如果以不同的方式制备它们，将会发生不同的结果。从这些研究中，我们也不能确定地说存在特定的"不良"肉类摄入量。吃多少肉会引起这些问题？如果吃的肉少于这个量，就不会遇到这些问题？尽管目前已有的研究存在着这些漏洞，但研究结果证明它们之间存在着紧密的联系，尤其是在食用加工肉和腌制肉的情况下，因此最好不要吃得太多。

椰子油

椰子油也不是神奇的健康食品。没有得出这一结论的研究，通常分析的对象是食用大量椰子，并且心脏病发病率和总体死亡率较低的人群[17]。但是，接受研究的人群居住在南太平洋地区，他们通常吃传统的全鱼类食品，不吃加工食品。这不会影响关于饮食的讨论。这与典型的西方饮食形成鲜明的对比，西方饮食中加工食品的含量较高，而水果、蔬菜和鱼类的含量较低。对于西方人群，椰子油似乎并不比任何其他饱和脂肪更有益，并且大量食用椰子油可能增加患心脏病的风险[18-21]。

与一些常见的说法相反，椰子油是否有助于减肥还未得到证实[22-24]。关于这方面，现有的研究大多规模很小，设计欠佳且具有偏见。椰子油含有约60%的中链甘油三酯（MCT）。尽管一些研究发表了有关MCT的益处的证据，但这绝对是一个灰色地带，还需要进行大量研究。

有关饱和脂肪的内幕

我们接着讲培根和椰子油的主题。许多低碳水化合物专家都称赞饱和脂肪的好处，解释说它们对健康无害，就像我们一向认为的那样。当不考虑饱和脂肪的来源以及其他生活方式和饮食方面的影响时，研究结果确实表明它们是非常良性的[25-27]。

但是，当我们考虑用什么成分来替换饱和脂肪时，问题就变得棘手了。例如，西方饮食中的精制碳水化合物、反式脂肪和糖分含量往往较高。如果将饱和脂肪含量高的饮食与我刚才提到的西方饮食进行比较，则不含垃圾食品的饱和脂肪会降低患心脏病和其他疾病的风险[26-29]。但是，当将饱和脂肪含量高的饮食与单不饱和或多不饱和脂肪（例如ω-3和ω-6）含量高的饮食相比较时，饱和脂肪带来的患病风险要高得多[26-27]。如果将饱和脂肪替换为未经加工的复杂碳水化合物，例如蔬菜、豆类和全谷物，也会降低风险[28-29]。来自牛奶和奶酪的饱和脂肪比来自肉类的饱和脂肪更能降低患心脏病的风险，但不饱和脂肪仍然优于这两种饱和脂肪[29-30]。用蛋白质（尤其是植物蛋白质）代替动物性饱和脂肪，似乎也可以降低患心脏病的风险[29-30]。此外，人体内部会自己产生饱和脂肪，没有必要特意去消耗它们。最重要的是，食用饱和脂肪不是生物学需求。要消耗它们，不仅要减少饱和脂肪，还需要用更健康的脂肪代替它们。

减重与减脂

许多研究都存在一个问题，那就是它们专注于减重而不是减脂。这两件事并不完全相同。体重不会反映身体的成分。（根据所吃的食物和一天中的时间，我发现自己的体重一天的波动幅度多达10磅。）通过低碳水化合物饮食减去的体重通常可以解释为水分的流失——碳水化合物在体内转化为糖原，糖原同时储存着几克水。碳水化合物摄入量低时，身体就会开始消耗储存的糖原作为燃料，这意味着糖原将与储存的水分一起消失。在举重比赛中，如果需要为了比赛而减重，比赛的前一周，可以减少碳水化合物的摄入，这是我使用过的绝妙技巧。我会变得脾气暴躁，郁郁寡欢，但在比赛前量体重时，我会轻几磅，然后我吃一个三明治，一切就都好了。这并不是说，低碳水化合物饮食不会导致体脂减少，目前的信息表明它们确实会导致体脂减少，而且与其他的流行饮食差不多。但是减掉的体重都可以解释为水分流失，这种水分流失现象不会持续很长时间。

■ 小结

• 对于减重，当热量相等时，低碳水化合物饮食似乎与其他饮食一样有效。

• 从长远来看，这些饮食是否健康尚不清楚。

• 关于该主题，还需要进行更多高质量、公正和长期的研究。

• 根据目前的研究结果，应该减少饱和脂肪并替换为多不饱和脂肪、健康的碳水化合物和蛋白质（尤其是植物蛋白），才能保持最佳的健康状态。关键在于用哪些成分替代它们。

第 2 章

低脂饮食

我 的朋友戴夫·巴里（Dave Barry），一位来自前业余体育联合会和国家业余健美协会的美国先生，与我分享了他在包括低脂饮食在内的不同饮食方面的各种经历：

"我在1984—2020年期间尝试过各种饮食，例如低脂（LF）、低碳水化合物（LC）和生酮［低碳水化合物/高脂（LCHF）］饮食。有很多次，我坚持每种饮食方案20周到几年不等，在严格执行每个计划的同时，每周进行4~5天的举重训练，每周进行3~6天的心血管调节训练。

最初，与低脂饮食相比，低碳水化合物和生酮饮食在开始的3~4周内都具有更好的减重效果。但是，在第一个月后，如果'每天的净热量'相似，所有不同的饮食计划的减重效果会变得差不多。

每个计划都让我实现了我想要的目标。我最终选择坚持低脂饮食，因为它允许食用的食物种类最多。此外，低碳水化合物饮食中的蛋白质含量很高，而由于水果和复合碳水化合物有限，所以纤维含量较低，随着时间的推移，这可能引起间歇性的便秘。最后，与低脂饮食相比，生酮饮食在进行高强度举重训练时，似乎无法为我提供同样的能量水平。因此，我发现低脂饮食的种类更多，并且可以为举重训练提供更多能量，使我更容易长期坚持下去。"

真相

在减重方面，如果热量相当（意味着饮食中不会混入无脂饼干和橡胶状无脂奶酪制品），低脂饮食的表现似乎与其他饮食相近[2, 35-37]。能量平衡是关键——这一点怎么强调都不过分。

> 通常认为（惭愧的是我也有此想法），如果食物不含脂肪，你就可以吃很多，因为它们"不作数"[31]。很遗憾，能量平衡的原理根本不是这样的。

让我们暂时将大快朵颐地吃低脂零食的问题放在一边。低脂饮食的另一个问题在于，在剔除"有害"脂肪时，也会剔除可能对心脏有益的"有益"脂肪。在低碳水化合物部分已经讲过，用加工过的碳水化合物（例如精白面粉和含糖零食）代替饱和脂肪，对心脏的危害与饱和脂肪一样严重或者更严重[26-29, 38-39]。最好的选择是用多不饱和脂肪（例如ω-3和ω-6[26-27]）以及全谷物、水果和蛋白质[28-30]代替至少一部分饱和脂肪。

在低脂饮食中，不会摄入太多的ω-3或ω-6。在极低脂饮食（来自脂肪的热量低于10%）中，你甚至可能患上必需脂肪酸缺乏症，这可能导致皮疹、脱发、头发失去色泽、伤口难愈合和免疫失调等问题，甚至可能使你罹患阿尔茨海默病和痴呆症[40-41]。

谎言

在我成长的过程中，父亲一直在与肥胖和心脏问题做斗争，我记得母亲一直在努力减少他高脂肪食物的摄入。我家有一个冰箱储藏室，里面装满了各种无脂食品，有无脂奶酪、脱脂牛奶和大量名为Snackwell's的无脂巧克力饼干。这导致有一次，一只狗闯进储藏室吃了几盒无脂饼干，我们恐慌地拨打兽医办公室的电话，然后我们知道了狗的胃具有很强的免疫能力，吃几盒Snackwell's饼干不会有什么影响……但是我离题了。

　　总之，低脂饮食在20世纪80年代和90年代曾经风靡一时。它源自20世纪40年代及以后的一项研究发现：高脂饮食与高胆固醇水平有关联，后者是心脏病风险的潜在危险信号[31]。在20世纪80年代，饮食中的脂肪被认为是导致肥胖、心脏病甚至癌症的原因[31]，成为恶魔，所以主流杂志和报纸都在吹捧低脂饮食的好处。因此，大量的无脂零食用糖代替了脂肪，以使其变得可口。由于糖分很高（尽管不含脂肪），结果是这些零食中的热量与原来差不多。

　　不含脂肪的标签也使很多人赚了很多钱。我记得我和闺蜜萝宾（Robyn）一起吃了一整盒无脂肪的Entenmann蛋糕和饼干，因为有无脂肪的标签，我们认为这没什么不好，许多人也有同样的想法。一些公司可以为其产品购买"美国心脏协会批准印章"，而实际上，许多公司也是这么做的[31-32]。另外，这里的主要问题不是可以从可靠的代理商那里购买"有益心脏健康"的标签，而是这些标签往往贴在经过加工的休闲食品上，并没有贴在新鲜水果和蔬菜之类的食品上[31-32]。一份有600多种贴有标签的产品清单中包括麦片、可可粉和果脆圈[32]。

　　另一个明显的问题是，低脂饮食从未被证实可以预防心脏病；同样，高脂饮食也从未被证实会增加这一风险。这些研究同样是基于流行病学证据的，因此罪魁祸首模糊不清。还有一个问题是，20世纪80年代中期的研究仅针对中年男性[31]，很大一部分人群没有被研究。也就是说，我们获得的健康建议仅仅是基于一小部分人群的可疑证据。这导致的结果是，尽管所有人都加入了低脂饮食的潮流，但肥胖率仍在稳步上升：在1980—2000年之间，美国20~74岁人群的肥胖率从男性10%左右，女性15%左右上升到男性30%左右和女性35%左右[33-34]。通常认为（惭愧的是我也有此想法），如果食物不含脂肪，你就可以吃很多，因为它们"不作数"[31]。很遗憾，能量平衡的原理根本不是这样的。最终，热量过多导致了体重过多增加。

有趣的是，这段时间内冠状动脉类疾病明显减少[34]。但是，这在很大程度上是由于医学进步，吸烟习惯减少以及体育活动增加导致的[34]，富含加工过的零食的低脂饮食起的作用并不大。

■ 小结

- 低脂饮食被错误地认为有助于减重和降低患心脏病的风险。
- 如果低脂饮食中的热量与其他饮食相当，那么这些饮食的减重能力也相当。关键在于能量平衡。
- 如果脂肪摄入过少，会引起严重的健康问题。

第 3 章

减肥公司的
饮食计划

我 的一位朋友分享了他食用预包装食品的经历：

"我的目标是减掉20磅并与一位模特约会，最终都达到了。

在体重上，我确实很快减重了这么多，我也没有感觉特别饿。这些食品大部分时间都会让我腹泻，他们说这是'身体排毒'，这完全是废话。

我大概节食了6周。我刚开始时有185磅，后来下降到165磅，牛仔裤的尺寸也缩小了一个号，这时候我就停止了节食，因为预包装食品的价格太贵了，况且我已经实现了目标。在那之后，我开始不那么注意所吃的食物，吃了很多零食和糕点，碳水化合物和土豆……体重又恢复了。我有一段时间保持在175磅，但是现在是190磅，从195磅下降了一点。我的方法是减少碳水化合物并采用生酮饮食。"

我的朋友苏茜（Susie）也分享了她在食用减肥公司的饮食计划的经历：

"好吧，对我来说，这是个好方法。事实上，我现在就在这样做，因为我的体重之前增加到超出了我的承受范围，而在去年，我瘦了约50磅。它有多种计划，但减重的主要方法是只吃他们的5种预包装食品以及一顿由蛋白质和低碳水化合物的蔬菜组成的正餐。你过去是从医生那里获得减重计划，但是现在你是从'健康教练'那里获得的。

不瞒你说，刚开始的几天很艰难。我喝了很多水，吃了一些无糖的果冻或泡菜来帮助我度过。

他们的产品的优点之一是含有益生菌，以及你需要的所有维生素和有益成分——事实上，参与该计划后，我的血液状况是近十年来最好的，因为不再有贫血的问题，这么多年以来我第一次献血。

我是一个暴饮暴食的人，也是一个情绪化用餐的人，所以我期望对饮食有清晰的认识，我能知道我的饮食成分以及对我有益的饮食时间。该计划的另一个优点是可以得到'健康指导'和鼓励，'健康教练'就是某个成功完成该计划的人，现在他们帮助其他人，就像我的教练在Facebook上有一个互助小组。支持和鼓励很重要。

现在预包装的食物非常昂贵，因此他们提供了代餐，你可以吃这些高蛋白、低碳水化合物和低脂的食物。但是你一天依然只能吃5次代餐和一顿正餐。

一种饮食计划的效果，只有在你坚持到底时，才是可持续的。减重完成后，有一个过渡期，你需要逐步在饮食中添加常规食物，例如全谷物和水果。如果不经历过渡期，直接按照原来的方式进食，你的体重会快速增加，任何减重方法都是这样，不管你用什么计划或方法减重。

我参加过多个减重计划，购买了所有的健身装备，还在2000年进行了减重手术。但是只是在过去的5年里，我才取得了最大的成功，那就是有一份体力工作，并且认真地完成工作。当我在2018年休假时，我雇用了一位私人教练负责我的减重，为期7个月。这个项目的鼓励部分对我来说是一个加分项。"

真相

Weight Watchers、Jenny Craig、Nutrisystem、SlimFast和类似的饮食都属于减肥公司的饮食计划。最近的Blue Apron、Purple Carrot等送餐服务可能也属于此范畴，尽管它们不是专门针对减重的。

> 如果按照设计好的方案执行计划，你就不会吃得
> 过多，因此每天的热量摄入不会超过一定数量。

减肥公司的饮食计划实质上是通过多种方法限制所吃食物的量，这些方法包括积分模式、盒装食物（每份的量有限制）、预先分配好的成分等。如果按照设计好的方案执行计划，你就不会吃得过多，因此每天的热量摄入不会超过一定数量。像Blue Apron这种类型的公司，食物本身不一定是低热量的，但它们每份的量有限制，通常每顿饭的热量都在合理的范围内，所以它们可能无意中有助于减重。如果能严格遵循饮食计划，那么减肥公司的饮食计划与其他名称的饮食计划（无论是低碳水化合物还是低脂）都是一样有效的[2]。在最受欢迎的饮食中，Weight Watchers似乎是最划算的，因为它不包括食物的成本[47]。

缺点

遗憾的是，大多数人似乎都无法坚持减肥公司的饮食计划。目前的证据表明，参与一项像Weight Watchers或Jenny Craig这样的饮食计划的人当中，很大比例的人在第　年就放弃了[45]。减肥公司的饮食计划常常是不划算的[46]：依靠预包装食品，然而事实上，几乎没有人想永远吃这些东西；使用其他方法，例如液体代餐或超低热量的饮食计划，然而这些方法对于大多数参与者来说根本无法持续。

同样地，目前相关研究的问题在于，许多可用的研究设计不当，缺乏对照组，存在明显的偏见，研究规模太小或没有评估这些饮食的长期影响。另外，对于许多针对减肥公司的饮食计划的研究来说，中途退出率非常高，因此很难确定从长远来看它们对人们的健康有何影响。

至于诸如Blue Apron和Purple Carrot这样的送餐服务，目前几乎没有研究表明它们对减重的影响。但是，从环保角度进行的一项分析表明，与从商店购

买食品相比，套餐可节省约33%的能源和排放，但是它们每顿饭要多出约3.7磅的包装[48]。因此，与从商店购买相比，套餐在环保方面具有一定优势，但在过度包装方面，它们仍有一些工作要做。就我个人（完全不科学的）对套餐的看法：大部分套餐都使用高质量的食材，并且蔬菜量明显超过美国人的平均摄入水平。他们有能鼓励甚至教会更多人在家做饭的潜能，这可能是一大优点，而且他们本质上是控制分量的。当然，这取决于你外出用餐或购买食材的频率，因为可能会成本过高。你可以计算下每周外出用餐的费用，并将其与套餐的费用进行比较，以确定这对你来说是否是一个不错的选择。

谎言

　　减肥公司的饮食计划因使用名人代言宣传其产品而臭名昭著，有时他们会随机挑选一个具有类似"Lisa M."的名字的人，然后用小号字体补上"非典型结果。"问题在于他们不会告诉你这些人是否长期坚持该饮食。有时你甚至不会注意到，一位体重反弹的代言人很快被减重成功的新代言人所代替，而后者就是你会关注的代言人。一定要记住，只有坚持下去，一种饮食计划才能成功。代言人不一定能够长期坚持这些饮食计划。最重要的是，不应该使用代言人作为饮食计划的权威依据；只要你能够始终如一地遵循该计划，它就会起作用。

小结

　　基本来讲，如果你能够支付一项饮食计划的费用并且能够坚持下去，那么至少在短期内，你有可能减重成功。这些成果能否长期保持还不确定。

第 4 章

纯素食

冰岛举重运动员赫尔达·瓦格（Hulda Waage）与我分享了她作为力量型运动员的纯素食经历：

"在我的力量提升的过程中，我很快感觉到身体上的强壮意味着精神上的强大。这是一种巨大的转变，我更好地控制了自己的情绪，也更有能力在我之前觉得不值得的情况下为自己和他人挺身而出。

当我改吃纯素食后，同样的事情发生了。我能非常贴切地感受自己的情绪，坚持自己的立场，坚守自己的信念，让我在精神上变得更强大。

我感到如释重负：做真实的自己。精神的力量是其中最重要的部分——要变得更强壮，你必须相信自己可以并且已经更强壮。

我改吃纯素食时也感受到了身体上的获益。我的消化好多了，我的胃不那么重了，我有更多的精力了。

这意味着只要我主要选择天然食品，我就可以训练得更多，恢复得更快。我的身体感觉很好；身体更强壮，我的精神也更强大。我唯一的遗憾是没有早点吃纯素食。"

真相

人们改吃纯素食有很多原因。自2000年以来，出于道德原因（我是动物爱好者），我个人一直吃纯素食，这也是许多纯素食者的驱动力。有些人这样做是出于环境原因，而另一些人则认为这样做可以改善他们的健康。当然，有些人吃纯素食是因为他们认为这样做可以帮助他们减轻体重。但是纯素食主义真的是减重的灵丹妙药吗？

植物型饮食似乎确实与成功的减重有关联[49-50]，甚至有一些有趋势的（但尚无定论）证据表明，纯素食可以降低糖化血红蛋白（HbA1c）水平，这是糖尿病风险的重要标志[52]。观察性和介入性研究得出一致结论，与作为对照的饮食相比，蔬菜、水果和全谷物含量高的饮食往往与较低的体重相关；但是，目前的随机对照研究还没有确切的结果证明，仅增加植物性食物就能改变体重[53-54]。一项对随机对照研究的荟萃分析表明，素食似乎在减重方面具有优势，纯素食比素食更具有优势；但是结果还没有被明确证明[54]。

目前来看，两种饮食都很好，但是这里有几点需要考虑。如上所述，观察性、介入性和流行病学研究不能确切地说："是的，素食绝对是减重的关键。"因为存在太多可能影响结果的外部因素。其次，没有一项随机研究显示对照组和植物组之间的热量相等。一些研究给出了热量准则，但没有一项研究中的热量相等，因此我们不知道差异是由于饮食本身的成分还是所消耗的热量引起的。此外，没有一项研究有控制或监测食物的摄入量，这意味着受试者以日记或其他方式报告了自己的数据。如果任由他们自己安排，人们往往倾向于多报运动量，少报食物摄入，导致数据严重不准确[55-56]。

可以得出的一个合理结论是，纯素食者和素食者通常比杂食者摄入的热量更少。蔬菜营养丰富，但热量相对较低（当然，这取决于它们的制备方式），所以富含蔬菜和其他植物性食物的饮食通常是低热量饮食。当然，纯素食也可制作很多不那么健康的食品，从炸薯条到糖果、冰淇淋、饼干、甜甜圈和糕点，纯素食的垃圾食品比比皆是。这些类型的食物很容易吃很多。因此，虽然以天然食物为基础、大量使用蔬菜的纯素食饮食，因其热量较低而有助于减肥，但含有大量油炸和含糖食品的纯素食饮食可能对身材不是那么友好。其原理再一次归结为热量问题。

谎言

不幸的是，不论是杂食者还是纯素食者，都有很多关于纯素食饮食的谎言。作为一个关于纯素食者的谎言的例子，我想展示我最近写的一篇文章：

女士们，先生们，你们被骗了

谎言很狡猾，它可能包裹在看似诚挚的外衣中，但是真的，你们被骗了，是时候戳穿这些谎言了。

让我来解释一下。

不久前，我申请为一本很受欢迎的纯素食者杂志撰写一篇文章。我收到的回复……发人深省。这是杂志编辑对我的申请冗长回复的一部分：

> 我们不推荐书籍中含有此类信息，这与我们在杂志中传达的所有信息相悖……我们在每期杂志上发表文章是为了强调一个重要信息，吃纯素食并不困难……

她说"此类信息"，是指我在文章中经常提到的事实，即纯素食者可能需要补充某些在纯素食饮食中没有或不能被吸收的营养成分。因此，她的意思是，这本杂志仅支持将纯素食描述为不需要任何额外补充或关注的饮食方式。这是一个危险的想法，它可能会让一些人生病。

编辑继续说道：

> 你自己的科学研究是无可替代的。但是我们所信赖的信息来源是大型的同行评议研究，例如Framingham研究。我们所信赖的人是营养学家，例如T. 科林·坎贝尔（T. Colin Campbell）、帕梅拉·波珀（Pamela Popper），以及加利福尼亚的洛玛·琳达医院及营养研究中心。

简而言之，她只会考虑来自她认同的研究和研究人员的数据。有一个词可以形容这种做法：定向选择。科学研究不应该是一个寻找能够证实自己的偏见的研究过程。此外，考查一项研究的质量，有多少其他研究发现了类似结果，研究的赞助者是谁等等都很重要。定向选择会使信息带有偏见，导致结论不那么准确。当你仅拥有部分信息时，很可能会做出一些非常糟糕的选择。

不幸的是，这位编辑不是唯一一个使用半真半假的陈述来推动特定议题的人，而且这种情况并不仅仅存在于纯素食者的世界中。你会在纪录片、书籍、杂志、报纸中看到这种情况，有时甚至会在研究报告中看到。因此，了解信息的来源非常重要。例如，某个医生编写了一本畅销书，并不意味着他对你的营养问题有正确答案。拥有健美身材和大量社交媒体粉丝的健身专业人士不一定了解生物力学。在房间里声音最大并不等于知道得最多。

类似的不良信息无处不在。那么人们该怎么做？我首先会考虑两个问题：

- 这条信息是否要推动特定的议题？（这本身不一定意味着它们不是好的信息，但是应该引起适当注意。）
- 这条信息是否要销售产品？

乔治敦大学发布了一个非常方便的问题列表，你可以针对在互联网上得到的信息问自己这些问题。

《科学美国人》（*Scientific American*）也发表了一篇有关涉猎信息网络和科学研究的好文章。

只讲故事的一部分是一种危险的做法，坦率地说，我们生活在一个如此容易传播伪科学、错误信息和半真半假的信息的世界，这很糟糕。好消息是，你可以成为自己的保护者。有人骗你，但是你可以帮助自己戳穿谎言。

> 纯素食主义虽然与许多其他生活方式相比可能更健康（取决于执行情况），但它并不是万能药。它也需要了解营养成分，补充食品或使用一定的强化食品，特别是对于运动员。

所以，确实，为了让更多的人顺从，有许多偏向纯素食者的半真半假的信息和谎言。纯素食主义虽然与许多其他生活方式相比可能更健康（取决于执行情况），但它并不是万能药。它也需要了解营养成分和补充食品或使用强化食品，特别是对于运动员。

另一方面，有很多反素食的宣传，试图说服人们不要吃素。下面列出了其中一些谎言。

"没有健康的纯素食者"

我可以证明这是不正确的，我还可以举出很多其他纯素食者也非常强壮和健康的例子，但我这样说不是很科学，不是吗？所以这里有一些给你的科学证明：

• 美国营养与饮食学会和意大利人类营养学会一致认为，精心设计的纯素食是非常健康的，甚至比其他饮食更健康[62, 64]。以下内容直接摘自美国营养与饮食学会[62]：

美国营养与饮食学会的观点是，合理计划的素食（包括纯素食）饮食是健康的，营养充足的，并且可能对预防和治疗某些疾病有益。这些饮食适合生命周期中的所有阶段，包括孕期、哺乳期、婴儿期、儿童期、青春期、成年期、老年期，也适合运动员。与富含动物制品的饮食相比，植物性饮食更环保，因为它们消耗的自然资源更少，对环境的破坏也更少。素食者和纯素食者出现某些健康问题的风险更低，包括缺血性心脏病、2型糖尿病、高血压、某些类型的癌症和肥胖。素食和纯素食的特点是饱和脂肪摄入量低，而蔬菜、水果、全谷物、豆类、大豆制品、坚果和种子（均富含纤维和植物化学物质）的摄入量高，这有助于降低总胆固醇和低密度脂蛋白水平，以及更好地控制血糖。这些因素有助于减少患慢性病的风险。素食者需要补充含有维生素B_{12}的食物，例如强化食品或补充剂。

意大利人类营养学会推荐素食者的维生素B_{12}的补充剂和蛋白质的摄入量显著高于杂食者的推荐摄入量[64]。

- 但是，德国营养学会（GNS）有不同的观点[63]：

> 在纯植物性饮食中，很难或者甚至不可能获得足够量的某些营养素。最关键的营养素是维生素B_{12}……德国营养学会的观点是不建议孕妇、哺乳期妇女、婴儿、儿童或青少年吃纯素食。

从本质上讲，德国营养学会建议为纯素食者补充强化食品和其他营养补充剂，以满足所有营养需求，这个评估结论是合理的。德国营养学会建议从营养师那里获取建议并定期检查，以确保满足纯素食者的营养需求。这是合理的建议，我也建议这样做；无论是否是纯素食者，我都会建议这么做。

关于纯素食对怀孕期间的影响，相关的确切证据很少。现有的研究质量不是很高，并且结果不太一致，无法证明在孕期吃纯素食会带来好处还是会带来麻烦。出生体重低与纯素食之间似乎存在着细微的关联，但有些研究又没有发现这种联系[65-66]。一篇关于这一主题的综述的作者总结道，只要母亲注意满足所有维生素、矿物质和微量元素的需求，纯素食就应该对孕妇和婴儿是安全的[66]。

一项荟萃分析发现，纯素食与健康因素之间存在着关联，例如降低了缺血性心脏病的风险和患癌症的总体风险[57]。然而，目前并没有发现能显著降低患特定癌症的风险、所有疾病导致的死亡风险或全部心脑血管疾病的风险[57]。

在另一项考查食品质量的研究中，与"不健康"的素食或杂食（即加工食品、动物制品、添加高糖分）相比，"健康"的植物性饮食（即加工食品、垃圾食品和即食食品含量低，天然食品、水果和蔬菜含量高）可以将女性的全因死亡风险降低5%，而在男性中则不会[58]。

在对两项大型队列研究的分析中，用植物蛋白替代动物蛋白与较低的全因死亡风险存在着关联，而与植物蛋白摄入相比，动物蛋白摄入与较高的心血管疾病风险存在着关联[59]。

根据最近的一项荟萃分析，纯素食降低血压的效果与其他饮食方法一样[61]。尽管正确地食用纯素食可以帮助降低血压，但也有一些不那么严格的饮食方法可以达到同样的效果。

同样，在分析这些研究时，我们还必须认识到一些事实。首先，它们大多是流行病学研究，就像我一直说的那样，这些研究并不能真正指出产生问题的确切原因。其次，许多研究中使用了一些含糊不清的术语：素食者和植物型等等。纯素食可能同时属于两种类别的定义，但这两种类别都没有专门提及纯素食者。专门针对纯素食者的研究非常少。这件事告诉我们，我们需要针对各种不同的人群精心设计更多大型的研究，才能更好地了解纯素食及其与人体健康的关系。话虽如此，目前的证据已经表明，只要通过饮食、补充剂和强化食品满足了所有的营养需求，纯素食者完全有可能保持良好的健康状态。

"纯素食者虚弱，无法锻炼肌肉"

关于纯素食者很虚弱的谬论无处不在。喜剧演员在表演中加入了这一元素，最近一位很受欢迎的播客也对纯素食的大力士帕特里克·巴布米安（Patrik Baboumian）说，这位伟大的大力士不可能是纯素食者。在力量世界中，甚至我这个小角落，也不止一次被指责，说我是使用类固醇（并没有）或依靠一些道具来模仿我喜爱的旧时代大力士的力量。

有很多优秀的纯素食运动员的例子［维纳斯·威廉姆斯（Venus Williams）、斯科特·尤里克（Scott Jurek）、杰尔曼·迪福（Jermain Defoe）、巴尼·杜·普莱西斯（Barny Du Plessis）、蒂亚·布兰科（Tia Blanco）、希瑟·米尔斯（Heather Mills）、亚历克斯·达加兹（Alex Dargatz）、罗伯·比格伍德（Rob Bigwood），还有很多很多］，这表明即使是在最高水平的运动中，纯素食者实际上也可以非常强壮、肌肉发达、擅长运动。但是，很少有研究考查纯素食者相对于杂食者的运动表现。在目前已有的研究中，纯素食或素食本身似乎对运动表现没有负面影响[60, 67–70]，但一项研究表明，尽管素食不会影响运动表现（该研究考查的是奶蛋饮食，而不是纯素食，请记住这一点），但肉食者的肌肉质量比素食者更大[69]。在另一项研究中，对食用大豆蛋白来源和牛肉蛋白来源的奶蛋素食老年男性进行了比较，没有发现肌肉质量差异[70]。因此，尽管尚无定论，但很有可能肉类并不是力量和运动表现的先决条件。话虽如此，纯素食运动员的营养需求与普通人不同，不过这是另一本书的素材，或许你可以看看我发表在《力量与体能》（*Strength and Conditioning Journal*）（很抱歉，自我推销一下）杂志上的题为"纯素食女性运动员的营养注意事项"的文章。

这件事告诉我们：支持和反对纯素食的谎言都很多。你需要注意听谁的。

植物型饮食

如今，植物型这个词已成为热门。问题是，没有人真正知道它是什么意思，因为它没有具体的定义。它不一定指的是纯素食者，甚至不一定指的是素食者。它似乎暗示饮食的大多数成分（我们不知谁多大比例）来自植物性食物，或至少是非动物来源。

它有效吗？

问得好。这得视具体情况而定。植物型饮食中很有可能含有更多的天然食物和蔬菜，很少的垃圾食品。如果是这样，那么就直接减去了人们容易过量食用的食物，这无疑可以帮助减重。但是，植物型食物并不总是健康的，并不总是以天然食物为基础，也并不总是低热量的，比如我严格遵循植物型饮食，一天只吃薄荷糖和爆米花。同样，我也可以非常确定，在午餐前吃很多薄荷糖和爆米花会超出我每天的热量需求。

还有一种纯天然植物型饮食，这种饮食更清楚一点——它强调主要吃那些极少加工的食物：大量的蔬菜、全谷物、豆类和健康的植物性脂肪。这些都是非常好的食物。同样，只要摄入的热量少于消耗的热量就可以减重，坚持食用极少加工的饮食更容易做到这一点。

如果不能确定饮食中的膳食结构，我们无法对它过多地讨论。饮食计划的成功与否取决于你如何遵循它。当然，前提是好的——多吃植物，少吃垃圾食品。这是正确的。去这么做吧。

小结

纯素食可以帮助减重，可是这取决于你摄入的热量与消耗的热量之间的关系（很神奇！）。纯素食可以是非常健康的，可以带来一些很好的健康效果，并且不会对运动表现产生负面（或正面）影响。但是一个重要前提是"在正确执行时"。重要的是确保通过适当的饮食调整、补充剂和强化食品来解决纯素食中的营养不足问题。

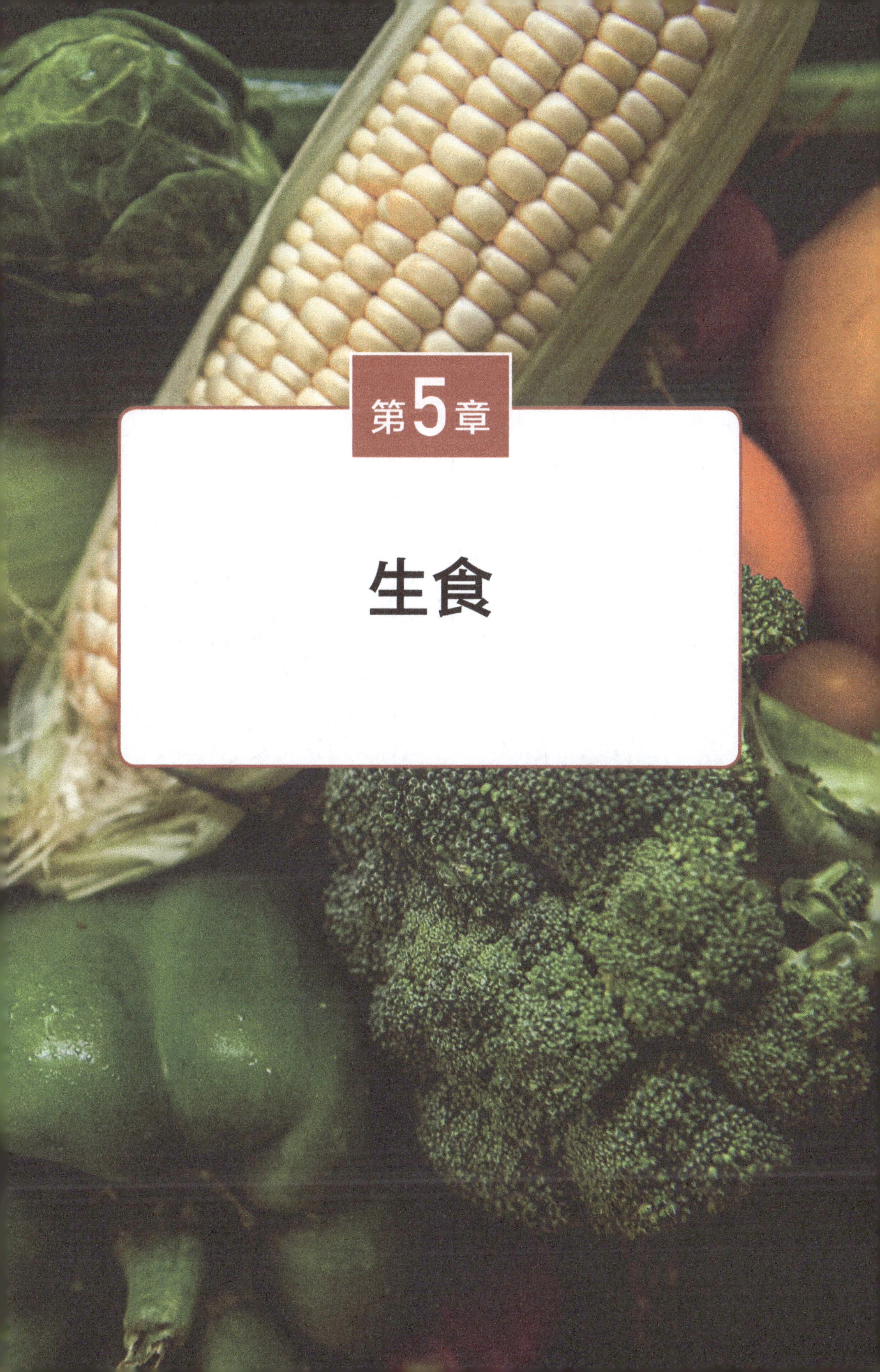

第5章

生食

我的朋友害羞地分享了她在生食方面的经历：

"我第一次对生食产生兴趣，是喜欢上一家生食餐厅的甜点之后。那时我已经是纯素食者，我很担心高温烹饪会使那些我希望从所准备的健康食物中获得的营养物质变性。我知道某些纤维植物有坚硬的细胞壁，例如西红柿和羽衣甘蓝，需要多次咀嚼和分解才能被真正吸收。

如果把蔬菜切碎，再拥有一个优质的搅拌器、脱水器，那么吃生食似乎是两个世界的完美平衡。我当时没有注意我的精力、体重、皮肤或头发有任何特别的变化。我喜欢我的食物，也会很有创意地处理我的食物。当时我参加了长途骑行和抗阻训练，我发现我需要购买更多的食物才能满足自己的需求。

我感到很灰心，最终放弃了，因为我需要为忙碌的生活做太多的准备。面包和面食等快速碳水化合物更便宜、更方便。一小块鸡胸肉也更快、更简单，并且可以让我饱腹的时间更长。说实话，放弃后我更快乐，因为我有了更多的空闲时间。我的头发长得更浓密了，皮肤和指甲看起来也更健康了。再说一次，这不是饮食的错，而是大量运动时需要吃得足够多，对我来说是一种挑战。我仍然在道德问题和如何对待农场动物的问题上挣扎，所以我尽量限制自己购买肉类的数量，只支持当地的小农户（即使是蔬菜）。在大多数情况下，除了奶酪、鸡蛋和蜂蜜，我的大部分饮食还是植物型的，而且大约有50%的膳食是生的。我不喝牛奶，而且肉类只占饮食的5%到10%，有时甚至根本没有。如果我不那么忙，有时间准确地测量所有食物的数量和比例，我会毫不犹豫再测一次。但是要做的工作太多，想要保持足够的营养，太具有挑战性。"

真相

生食是基于这样的理念：在高于40摄氏度的温度下烹饪食物是有害的。基本上，在生食的世界里，烹饪食品实质上是在"杀死"食物，会去除有益的营养物质和酶，使食品更难消化，甚至产生毒素。食物可以生吃、发酵、榨汁、制成泥或脱水，以保持食物的生命能量。

生食有用吗？

生食当然可以促进体重减轻。在一项对500多名男性和女性的横向研究中，研究对象吃了不同程度的生食（从70%~100%）至少3.7年左右，男性平均体重减少了22磅，女性减少了26.4磅[71]。在这项研究中，所吃的生食占比越高，似乎减轻的体重就越多。但是，在45岁以下的女性中，体重减轻非常明显，以致该研究组中约有30%的女性患有闭经，而生食占比达90%或更高的女性中闭经的发生最多[71]。这肯定是有问题的。

生食减肥效果如此显著，很大程度上是因为它主要由生蔬菜等低热量食物组成。此外，煮熟的食物似乎比生食提供的热量更多[72-73]。总的来说，你需要吃一些生食来配合包括熟食在内的饮食的热量摄入。生食减肥同样可以归结为热量缺乏。

优点

在一项有关骨量的研究中发现，生食人群中的胰岛素样生长因子（IGF-1）更低[78]。IGF-1与某些癌症（例如乳腺癌和前列腺癌）存在着关联，因此这可能意味着生食有助于降低患这些类型癌症的风险。

这项研究中的生食饮食者还具有非常低的C反应蛋白水平，C反应蛋白是体内炎症的标志。人体的慢性炎症与许多疾病的发展有关，如糖尿病、多种癌症、动脉硬化、非酒精性脂肪肝、阿尔茨海默病和其他类型的与年龄相关的认知障碍、炎症性肠病等[79~80]；其中大部分疾病与以下因素有关：缺乏镁、维生素D和维生素K等营养物质；（从藻类或鱼类中）ω-3脂肪酸的摄入量低；水果和蔬菜的摄入量低；以及高血糖指数食物（如糖和白面粉）摄入量高[81]。还有许多生活因素会导致慢性轻度炎症，例如吸烟、压力过大、睡眠不足、久坐以及环境污染。食用生食的人吃的水果和蔬菜肯定比一般人更多，因此有很大帮助。可能还因为生食者往往具有更积极的生活方式，压力更小，睡眠更充足等。因此，虽然很难确切地指出为什么他们的C反应蛋白指标如此之低，但显然他们在这方面做了一些正确的事。

缺点

生食不仅会导致体重显著减轻，还会导致骨质流失。在一项研究中，18名生食饮食者每天摄入1285~2432千卡，对照组每天摄入1976~3537千卡的标准美国饮食，结果发现，生食饮食者的钙和维生素D摄入量非常低。在这项研究中，与对照组中相同年龄和性别的人相比，采用生食的人全身的骨量低得多，包括脊椎、股骨和髋骨[78]。此外，在这项研究中，生食饮食者摄入的蛋白质含量很低（约占总热量的9.1%），这可能对维持肌肉质量和运动表现造成问题。虽然很少有研究考查生食饮食者的骨量和肌肉量，但这项研究的数据提出了一些令人担忧的问题。

谎言

生食的原则是建立在误解之上的，或者说是建立在谎言之上。它们可能不是恶意的谎言，但它们确实都是错的。没有科学证据表明生食比其他饮食更有营养或更具营养优势，而实际上存在着许多相反的证据。让我们继续来戳穿各种谎言。

> 没有科学证据表明生食比其他饮食更有营养或更具营养优势，而实际上存在着许多相反的证据。

让我们看看科学证据。关于生食饮食者的研究不是很多，但是在已有的研究中，发现了以下信息。

癌症

生食支持者的主要观点是这种饮食可以治愈、逆转或保护人体不得癌症。由于其蔬菜和脂肪摄入量普遍较高（生食饮食往往大量使用坚果、种子、鳄梨和某些油类），因此生食者能够充分吸收大量的脂溶性维生素A和β-胡萝卜素，这是一件好事（尽管生食肯定不是吸收这些营养物质的先决条件）[74]。但是，目前尚无证据支持这种关于癌症的观点。需要更多的研究来确定生食对癌症的影响（如果有的话）。

酶

生食支持者提出的一种观点是，烹饪食物会破坏生食中固有的有益酶。这个观点有两个问题：（1）人体自身已经产生了这些酶；（2）无论如何，生食中的酶在消化过程中都会失活[75]。

营养物质与烹饪

生食支持者的另一个观点是，烹饪食物会破坏重要的营养成分，甚至使食物变得有毒。这显然是错误的。事实上，当食物被煮熟时，许多保护人体，使其免受疾病侵袭的植物源性的化学物质和营养物质，会更容易被人体吸收，这就推翻了生食更有利于对抗疾病的观点[76-77]。不同的蔬菜似乎对不同的烹饪方法有不同的反应，因此，根据所讨论的蔬菜，煮、蒸、烤或油炸可能会对特定食物的营养成分产生不同的影响[76-77]。然而，许多抗氧化剂和其他有价值的植物营养素，似乎在熟食中才能最有效地被吸收[76-77]。要记住的另一点是，正确烹饪食物会杀死许多导致食物中毒的病菌。如果可以，我建议正确地烹饪食物。

■ 小结

　　生食饮食含有大量的水果和蔬菜，这非常好。但是，没有证据表明生食可以治愈癌症，也没有证据表明生食比熟食更健康。此外，还有很多对人体有益的食物根本无法生吃（例如，豆类、全谷物和许多富含蛋白质的食物）。生食也可能导致体重严重下降和骨质流失以及营养失衡，因此，如果你想走这条路，请务必小心。

　　还有一点，生食饮食很难长期坚持。制作生食类的饭菜可能很耗时；另外，除非你的社交圈主要由生食饮食者构成，否则在聚餐活动中可能会很不愉快。如果对这种生活方式感兴趣，请把这些都记在心里，并做好相应的计划。

第6章

间歇性禁食

我 的朋友马克西姆（Maksim）分享了他在间歇性禁食（IF）方面的经历：

"我现在34岁，还有一个月就满35岁了。在过去10年里，我一直在间歇性禁食，体重一直保持在195～205磅（体脂占8%～12%），在写这篇文章时，我的体重是203磅，体脂占12.2%。与其他饮食一样，你会根据自己的需要进行调整，从而找到最适合自己的方法，就像是对你的身体进行的一项实验一样，所以我说的间歇性禁食只是我的版本，而不是人们在文献中看到的那种严格的方案。另外，我目前处于不规律饮食的状态，因为在过去的9个星期，由于病毒大流行，这个州、整个国家和世界上大多数地区都处于隔离封锁状态，我知道这不是借口，但事实上，我偷懒的时间比隔离的9个星期还长。但是，由于我的饮食习惯和工作（我是一名教练，在一家物理治疗诊所工作，所以我每天要站立超过8小时），我可以保持自己的身材，不会增加体脂。

还有一次，我也通过间歇性禁食控制了体重和脂肪，那是3年前，因为我的跟腱断裂，我4个多月无法负重或行走。间歇性禁食确实有效，并且可能会产生很好的结果，但是绝对不是每个人都适合，在我看来也不应该每天都这样做。我5天实行间歇性禁食，周末两天休息，享受爽口的饭菜，而且全天都吃得很多，如此循环。

我在25岁时无意间开始了间歇性禁食，并在24 Hour Fitness担任私人教练。我的客户早上5点就会到来，而我会睡到最后一分钟，起床、穿衣服、煮咖啡、冲出家门、陪客户训练直到下午1点左右。然后我会吃一天中的第一顿饭，通常是相当丰盛的一顿饭（2000~3000多千卡），但是这顿饭并不总是最健康的，特别是当我没有带午餐时，我不得不在附近某个地方用餐。然后，返回工作岗位继续陪客户训练（同时吃些坚果、水果、奶昔等）直到晚上8点左右。晚餐通常在晚上9点左右，也非常丰盛，也许有冰淇淋做甜点，然后入睡。因此，我的禁食时间为15~16小时，具体取决于晚餐和第二天的第一餐的时间。这样持续了大约5个月，直到我开始读研究生，由于日程安排更繁忙，这成为了适合我的最理想的饮食方案。在2014年，我听说了奥利·霍夫梅克勒（Ori Hofmekler）的一本书，名为《勇士饮食》（*The Warrior Diet*），其中详细介绍了间歇性禁食及其历史，我意识到我这样做或者说是执行我自己的饮食版本已经很长时间了！现在是2020年5月，我仍在周一至周五进行间歇性禁食，周末放飞自我，因为爽口的饭菜也非常重要！"

真相

间歇性禁食基本上就是定期在指定的时间段内不吃东西或者至少少吃东西。间歇性禁食的方式有几种，如下：

- 勇士饮食是最初流行的间歇性禁食的饮食方式之一。基本来讲，就是在一天中的20小时内，只吃很少的东西——也许吃一些生的水果和蔬菜，一些煮熟的鸡蛋，还有少量乳制品——仅此而已。禁食期过后，有一个4小时的窗口。这种饮食（与许多其他方式的间歇性禁食一样）建议尽量坚持食用未经加工的天然食物。

- 每周禁食两次通常需要在禁食日当天只摄入250~300千卡热量，也有些人在禁食日不摄入任何热量；一周的剩余时间恢复正常的饮食方式，这种形式称为5：2饮食。5：2饮食非常类似于吃—停—吃的方法，这也是间歇性禁食的一种版本，要求每周禁食1~2次，每次24小时，在其余时间恢复正常饮食。例如，如果在星期一下午6点用餐，那么在星期二下午6点前不得用餐，这样就完成了一次24小时禁食。禁食期间，不允许摄入任何热量，但允许喝无热量的饮料。

- 隔日禁食是间歇性禁食的一个极端版本，每隔一天禁食一次，与正常饮食日交替进行。有些人在禁食日最多摄入500千卡的热量，而另一些人则选择在禁食日完全不吃任何食物。

- 16/8方法将每天的用餐时间限制在约8小时内，其余时间禁食。禁食时间和用餐时间有一定的灵活性，一些人采用14/10、15/9、18/6的禁食方法或其他类似的变化形式。这基本上相当于不吃一顿饭（通常是早餐或晚餐）。晚餐后睡8小时，可以使你的禁食过程变得更轻松一些。

- 非结构化/自发的间歇性禁食是指不定时地不吃饭。对于不需要严格的计划或日程波动很大的人来说，这可能是一个更具吸引力的间歇性禁食方案。

间歇性禁食有用吗？

间歇性禁食在本质上是另一种限制热量的方法。将允许用餐的有限时间与食用未加工的天然食物的建议相结合，可以减少暴饮暴食的概率，也不会吃太多容易暴饮暴食的高热量垃圾食品。一次性摄入的热量超过一天所需的总热量可能很困难，尤其是在不吃垃圾食品的情况下。我的意思是，这是可以做到的（我很确定我在每个感恩节都做到了），但实施过程可能很难。总之，在你遵循间歇性禁食的方案时，就会摄入更少的热量。

尽管目前尚无有关该主题的大量研究，但一般来讲，与完全没有策略相比，间歇性禁食被证明是一种成功的减重策略[82]。与其他监测了一年内的减重方法（迄今为止的研究没有监测时间超过一年的）相比，间歇性禁食的效果差不多[82]。因此，虽然它是一种有效的策略，但并不是最好的策略，也不是最差的策略。

优点

有许多关于禁食的健康观点，并且一些观点具有一定的证据支撑。一项荟萃分析指出，在超重和肥胖的人群中，间歇性禁食（至少长达12周）（在进行此分析时还没有更长时间的间歇性禁食的研究）似乎比常规的热量限制方法能更好地维持肌肉[83]。但是，与所研究的其他大多数类型的热量限制方法相比，所分析的大多数间歇性禁食的研究使用的体脂评估方法不同（且可靠性较差）。因此，这可能不是一个有效的观点。

有一种观点认为，由于狩猎和采集时代的食物供应无法预测，导致人类和其他食肉动物可能会长时间不进食，此时身体就会发生某种新陈代谢转换，从而使身体保持最佳状态继续工作[84]。在更少的食物下幸存下来并繁衍生息的人和动物更具有优势，并将这些特征传给了他们的后代。

在动物研究中，间歇性禁食似乎有一些健康益处。在对啮齿动物的研究中，已经证明间歇性禁食的效果包括延长寿命，降低患癌症的风险，改善心率和血压值，以及减轻了许多与高脂饮食有关的健康问题[84]。它甚至改善了随着年龄增长而下降的大脑功能。

> 现有的研究表明，与其他限制热量的饮食相比，间歇性禁食同样可以降低体脂水平。

然而，对人类禁食的研究少得多。前面已经提到，现有的研究表明，与其他限制热量的饮食相比，间歇性禁食同样可以降低体脂水平[82]。多项研究表明，间歇性禁食可以改善某些心脏病的风险因素（例如降低血压和胆固醇），但这也可能是因为减脂对健康有益[84]。一些研究表明，与其他减重方法相比，这些好处在间歇性禁食中更为普遍，但也有一些好处是没有的。因此，对于间歇性禁食在促进人体心脏健康方面是否优于其他方法还没有确定的结论。

谎言

禁食对健康的大多数益处已在啮齿动物实验中得到证实。但是人类不是啮齿动物，生活方式与啮齿动物不同，因此我们无法真正得出关于对人类的影响的合理结论，尽管这些研究也很有意义。

间歇性禁食对人的心血管疾病和糖尿病有一些益处，但没有证据表明，在这些问题中，禁食比任何其他热量限制方法更好。关于人的间歇性禁食的研究很少，并且大多数研究都是对缺乏定期锻炼的肥胖或超重的受试者进行的，心脏和血糖方面的益处可能只是减重的益处，而不是禁食本身的益处。

关于间歇性禁食对运动表现的影响的研究也不是很多，但有一些研究考查了间歇性禁食与耐力训练、力量训练、高强度训练之间的关系。这些研究大多数是在斋月对观察者进行的，斋月期间的习俗是28~30天内在日出到日落的时间内禁食。即使是在这个群体中，禁食对减重、营养摄入、心脏病、糖尿病和其他健康因素的影响也会因所研究人群的地理位置和习俗不同而有很大差异[85]。就运动表现而言，目前已有的研究没有表明禁食具有任何运动方面的益处[86]。

■ 小结 ■

在大多数情况下，间歇性禁食的减重效果与其他热量限制的方法一样。对于不介意长时间不进食的人来说，这是一个好方法，前提是他们在可以进食的时间内不要吃得过多。关于体重正常的人或运动员，我们确实没有太多科学信息，因此在这个问题上没有太多要说的。迄今为止，尚无关于间歇性禁食的长期研究，所以我们无法指出从长远来讲会带来任何益处。尽管有很多关于人们从禁食中获益的轶事，但尚无科学证据。目前，有关禁食的影响依旧尚无定论。

TO OPEN, LIFT TAB.

GLUTEN FREE

ROTINI

Nutrition Facts

6 servings per container
Serving size 2 oz (

Amount Per Serving

Calories 19

% Daily V

Total Fat 1g
Saturated Fat 0g
Trans Fat 0g
Cholesterol 0mg
Sodium 0mg
Total Carbohydrate 44g
Dietary Fiber 2g
Soluble Fiber 1g
Insoluble Fiber 1g
Total Sugars 0g
Protein 4g

Pasta Your Whole Family
Can Enjoy!

Gluten Free™
Delicious White Pasta with 4 Grains

ELBOW

Ronzoni Gluten Free™ pasta

Best if Used By
MAR 02 2022
123M051 04:32

To open,
lift tab

Gluten F

ELBOW

To open
lift tab

Gluten Free™

ELBOW

Nutrition Facts

About 6 servings per container
Serving size 1/2 cup (56g)

Amount per serving

Calories 200

% Daily Value*

Total Fat 1.5g   2%
Saturated Fat 0g   0%
Trans Fat 0g
Polyunsaturated Fat 0.5g
Monounsaturated Fat 0.5g

TO OPEN, LIFT TAB.

GLUTEN FREE

Gluten Free™

第7章

无麸质饮食

我的朋友雷纳塔（Renata）和她的丈夫加里（Gary）坚持无麸质（GF）饮食已经有3年了。这是雷纳塔的回答：

"加里的医生建议我们吃无麸质的食物以解决加里的某些健康问题。我们的体重没有减轻，但这不是我们真正的目的。

我喜欢它给我的消化系统带来的感觉。对于加里来说，麸质会让他头疼。

刚开始，很难找到合适的替代品，但是现在，我可以制作出味道像含有麸质的无麸质饼干！

我们会永远坚持无麸质饮食，我也不吃乳制品。

每隔一段时间，如果我们经过一个地方，并且过了这个地方就无法再吃到某种当地食物，那么我会去吃它，但是我会在1~3天内付出腹胀和便秘的代价。

人们会把无麸质饮食过度夸大。我的建议是接受这种食物，它的口味可能与你习惯的食物有所不同，但一段时间后，你就不会觉得有区别了，虽然你的身体会知道区别。"

真相

我经常听到想要减重或变得更健康的客户或朋友说，他们必须戒掉麸质。当我问为什么时，他们通常会说些关于炎症的含糊不清的内容，然后就没有下文了。所以，让我们来谈谈麸质。

从本质上讲，麸质是使面团具有弹性的东西。它是多种谷物中存在的一种蛋白质。麸质对某些人来说是过敏原，特别是小麦过敏、麸质不耐症和乳糜泻患者。在这些人中，麸质会引起一系列令人不愉快的症状，所以他们通常被建议食用不含麸质的食物。然而，许多购买无麸质食品的人（顺便说一下，截至2016年，这已成为一个规模为155亿美元的产业[87]）根本没有与麸质有关的健康问题[88]。他们做得对吗？

无麸质饮食有用吗？

可能吧。迄今为止，几乎没有可靠的证据能证明无麸质饮食与减重之间存在着紧密的关联[89]。在仅有的一项针对该主题的研究中，与普通人群相比，遵循无麸质饮食的人的身体质量指数更低，减重效果更好，腰围更细[89]。但是，一定要注意，该数据来自调查中的自我报告信息，而不是来自随机对照研究，这就有很大的错误空间。该报告的分析结果基本上是建立在人们能非常诚实地提供所有信息的假设之上的，然而事实是，许多人会出于各种原因而夸大（或低估）自我报告的数据，遗漏重要信息，以及弄虚作假。所以很遗憾，它并不是已有的最可靠的数据，但是我们还是可以从中获得一些信息。

该研究的另一个问题在于，我们无法肯定地说，无麸质饮食是导致报告结果中的减脂或任何其他信息的原因。尽管无麸质饮食可能有助于减重，但我们不能得出明确的结论。食用无麸质食物的人可能更有健康意识或者更活跃，或者有其他的原因。

> 无麸质饮食肯定会限制可食用的食物种类，这会降低热量。但是，无麸质食品的替代食品所含的热量通常不低于对应的有麸质食品。

无麸质饮食肯定会限制可食用的食物种类，这会降低热量。但是，无麸质食品的替代食品所含的热量通常不低于对应的有麸质食品。如果是将一种食物更换为另一种热量相等或更多的食物，你应该不会想要用这种方法去减重。

总的来说，无麸质饮食可能对减重有用，但无法根据目前已有的数据得出肯定的结论。除非它能降低热量（或者相比有麸质饮食，无麸质饮食本身会消耗更多的热量），否则无麸质饮食本身不可能对减重特别有用。

谎言

一些健康观点是否正确？让我们来戳穿它们。

麸质会导致发炎

好吧，对也不对。如果你患有乳糜泻或麸质过敏，麸质肯定会在体内引起炎症。但是，如果你是一个健康的人，没有明确的证据表明麸质会加剧炎症程度[90]。

无麸质饮食更健康

我得再说一遍，"这要视情况而定。"你的无麸质饮食是否含有许多水果和蔬菜、天然食物以及极少的垃圾食品？如果是这样，无麸质饮食可能对你来说更健康，但不是因为没有麸质。另一方面，许多无麸质食物并非市场上最有营养的食物。事实上，无麸质饮食与更高的心血管疾病风险存在着关联，这可能是因为它们缺少了许多全谷物食物[91]。

关于麸质和健康的已有研究的质量参差不齐，但我们可以从目前已有的数据中获得一些信息。摄入麸质似乎与更高的心脏病风险[91]、结肠炎[92]和2型糖尿病[93]没有关联。麸质似乎还对男性结直肠癌具有保护作用（对女性没有），但对男性和女性来说，高麸质摄入量可能会增加近端结肠癌（结肠最靠近小肠的前半部分）的潜在风险[94]。

无麸质饮食通常营养不全，特别是在对无麸质的包装产品产生依赖性时。无麸质饮食中的纤维素、多种维生素以及矿物质的含量往往较低[95]。如果要坚持无麸质饮食，则需要注意所吃食物的质量。对于纤维素，建议食用所谓的假谷物，这是一种天然无麸质食物，不是以草木植物（谷物属于草）为基础，但可以像谷物一样食用[95]。一些非常受欢迎的假谷物包括苋菜、荞麦、奇亚籽和藜麦。确保你的饮食含有大量蔬菜、水果和其他天然食物是一个不错的主意。

一定要注意，这项研究主要来自队列研究，队列研究属于观察性研究，调查相关的大量人群的可用信息，并试图分析这些信息与疾病之间的关系。尽管队列研究可以提供一些有用的信息，但它们不能提供疾病的明确原因。还有其他一些因素可能会影响队列研究的数据（例如信息可能缺失或不准确，人们可能中途退出研究或死亡，等等）。因此，尽管我们可以对麸质摄入量与疾病风险之间的关系有所了解，但我们无法从此类研究中了解到全部情况。总的来说，麸质似乎并不是坏的东西，如果你是健康的，可以考虑把它纳入饮食中。

■ 小结

如果你患有乳糜泻或麸质过敏，则必须采用无麸质饮食。如果没有这些情况，去除麸质似乎并没有任何神奇的减重效果或改善健康的效果，所以可以继续食用。

第**8**章

血型食谱

我的朋友托尼（Tony）介绍了他在血型食谱方面的经历：

"2000年2~12月间，我的体重增加了不少。我当时刚刚离开一个大约90%都是体力劳动的工作，所以我的状态非常好。但我有一些不好的习惯，我会随心所欲地吃东西，因为只要工作就会'将它们消耗光'。辞掉这个工作后，我的饮食习惯依然没变，但是体力活动没有了。因此，我在10个月的时间里体重逐渐增长了约40磅，达到了200磅。在12月，我遇到了一位老同事，他开玩笑地叫我'Gordito'（西班牙语中的'胖乎乎'），那时我意识到必须改变我的习惯了。

我采用了达达莫（D'Adamo）医生的'适合血型的饮食'。基本来讲，这种饮食方法认为，人们所吃的食物应该依据其不同血型最初出现的地区的人们所吃的食物。例如，A型血最初是在O型血的人从以肉类为主要食物的地区迁移到以农业为主要食物的地区时出现的。这类理论让我很着迷。但是作为一名A型血的食肉动物，当我意识到我需要大量减少饮食中的肉类时，我很不开心。然而，我确实在很短的时间内看到了差异。

我多吃鱼，少吃牛肉，多吃豆类和蔬菜，多吃豆制品，少喝乳制品，少喝酒……我感觉好极了，也不意外在几个月内，我的体重下降了30~40磅。但我认为这与我的血型没有关系，只是因为我的饮食内容和饮食习惯的改变，再加上选择了更健康的食物。我觉得大多数饮食起初都会有很好的效果，因为你会对吃何种食物和吃多少做出有意识的选择。这些天我吃得不太好，我的腰围证明了这一点，但我利用了所学的知识，尽最大的努力吃得更好。"

真相

许多客户和朋友告诉我，他们不能吃某些食物，因为他们的血型不适合这种饮食方法。他们的依据是什么？血型食谱是减重和带来其他益处的关键吗？

血型食谱为ABO范围中的每种血型分配了一组食物规则。该理论认为，特定血型的人在特定的饮食条件下会茁壮成长，而在其他饮食条件下则会出现病痛。这种饮食是由一位名叫彼得·达达莫（Peter D'Adamo）的自然疗法医生所创造的，他写了一本关于这一主题的非常受欢迎的书。基本规则如下：

● A型。根据达达莫的说法，A型血的人胃酸水平较低，并且由特定的酶组成，这会导致难以消化大多数动物制品和动物脂肪。因此，他们应该以纯素食为主。蔬菜、鱼、全谷物、豆腐和火鸡是不错的选择。远离乳制品、小麦、芸豆和玉米可以减轻体重。避免剧烈运动，坚持低强度的运动，例如太极拳、散步、瑜伽和普拉提。

● B型。据称B型血的人可以健康地食用所有食物。但是应避免食用某些肉类和海鲜，因为B型血的人中风和出现其他问题的风险更高。达达莫医生认为，许多类型的小麦会对B型血的人新陈代谢产生负面影响，可能会增加患某些疾病的风险，或者根本就无法被很好地消化。中等至半熟的山羊肉、羔羊肉和绵羊肉以及富含脂肪的冷水鱼都是首选的肉类来源。尝试减肥时，应该避免食用鸡肉、花生、玉米和小麦。低脂食品会有问题。可以选择低强度到中强度的运动，包括远足、游泳、武术、骑自行车、太极拳、瑜伽和普拉提。

● AB型。根据达达莫的说法，AB型血囊括了A型和B型的某些饮食需求。AB型血的人（像A型一样）胃酸水平较低，使得许多动物制品难以消化。AB型血的人也难以消化某些食物组合，因此应分开食用蛋白质和淀粉。AB型血的人应避免食用红肉。蛋白质的主要来源应该是大豆和肥美的冷水鱼。可以食用酸奶和其他（非）发酵乳制品，但（非）发酵乳制品（例如鲜牛奶）会引起消化问题或增加疾病风险。避免食用小麦、鸡肉、玉米、荞麦和芸豆。可以选择低强度到中强度的运动，包括远足、游泳、武术、骑自行车、太极拳、瑜伽和普拉提。

- O型。达达莫医生认为，O型血对应较高的胃酸水平，这意味着大多数类型的肉都可以被很好地消化，显然蛋白质和脂肪的组合对O型血的人来说特别好消化。另外，O型血的人会将谷物转化为甘油三酯和脂肪，从而引起负免疫应答。这种血型的人不能成为健康的素食者，基本来讲建议采用原始饮食。多吃动物蛋白、蔬菜、水果和鱼，远离豆类和谷物（例如低碳水化合物饮食）。如果要减重，避免食用玉米、小麦和乳制品。O型血的人可以很好地消化脂肪，因此无法很好地消化低脂食物。此外，应该每天进行一小时的剧烈有氧运动。

血型食谱有用吗？

血型食谱提供了一些很好的建议。它以天然食物为基础，通常会推荐大量的蔬菜和鱼类，有时还会推荐豆类和全谷物。如果遵循血型食谱，很可能还会减少一些对你不太好的食物和饮料的摄入，这通常有助于提高健康水平和减少热量（更少的热量往往意味着脂肪减少）摄入。

但是，各种饮食建议都是限制性的，很多人可能很难坚持。此外，从饮食中排除某些食物（例如全谷物或豆类）可能会不必要地排除了一些健康的食物。就血型而言，绝对没有理由从饮食中减少任何这些食物。

> 问题在于，这些研究中所有这些积极的结果均与血型无关。

谎言

关于血型食谱的研究很少。一项研究得出的结论是，完全没有证据表明血型与饮食对健康的影响有关[96]。另一项研究表明，遵循血型食谱在某些方面确实具有一定的健康益处[97]。例如，遵循AB型饮食可使血压、胆固醇、甘油三酯、胰岛素和其他有益健康的因素得到改善。遵循A型饮食也证明了所有这些结果，以及更低的身体质量指数和腰围。遵循O型饮食可以降低甘油三酯水平。第三项研究也表明，遵循血型食谱的某些规则有一定的益处：A型饮食往往能降低血压，B型和AB型饮食往往能减小腰围，O型饮食则能降低身体质量指数和腰围[98]。问题在于，这些研究中的所有结果均与血型无关。换句话说，O型血的人遵循A型饮食也能变得更健康。血型与饮食之间根本没有关联。

▬ 小结 ▬

如果血型食谱能减少热量，则可以帮助你减轻体重，也可能带来其他健康益处，但这与血型无关。

第 9 章

短期节食

我的朋友皮特（Pete）向我介绍了他在当地一家健身连锁店进行的为期6周、减重20磅的减肥计划的经历：

"我一直都很胖，偶尔也会锻炼，但从未真正在健身房锻炼过。因此，当我看到一个6周计划的广告时，我决定尝试一下。我有个朋友体验过，效果很好，他们答应给我提供支持和帮助。他们向我保证，只要我在6周内减掉所要求的20磅，就不会向我收钱。

我曾经讨厌过这个项目。太难了，我每节课后都想放弃。但一路走来，我遇到了一些很棒的人，我为他们坚持了下来，我们成立了一个小的健身小组。进展缓慢但稳定，我的体重在开始的几周波动不定，但是我（大部分时间）坚持了这种饮食计划，同时保持每天锻炼。临近第6周时，我的进度落后了，所以我遵循他们的安排，每顿饭只能吃罗非鱼和芦笋。老实说，我以为我做不到。但在最后称重时，我终于减掉了20.6磅。

因为这个项目是可以免费的，我决定再体验一次这个过程，于是我又减了20磅。但是在最后的阶段，我的膝盖和肩膀受伤了，我不得不接受物理治疗，以致项目最后懈怠了。我的伤势一直没有完全恢复。我和一位营养学家讨论过，他告诉我这种项目是不可持续的，还需要其他方法。我最后恢复了以前的习惯，减掉的大部分体重也都恢复了。但是总的来说，我喜欢这个项目。我建立的友谊仍然存在，我为自己两次完成这个6周计划而感到自豪，我承认自己看起来和自我感觉都更好。"

我

的朋友内莉达（Nelida）也分享了她的短期节食经历：

"我之所以加入这个项目，是因为它看起来与我过去尝试过的所有其他饮食（都没有成功）略有不同，而且执行起来似乎相对容易。我付了钱（他们说，如果我减重成功，3个月后会把钱退给我），下载了应用程序，称了体重，量了身高，从各个角度自拍，然后开始了我的减肥生活。

3个月来，我按照他们的饮食计划，使用他们的应用程序，每周自己称体重并拍照。我可以看到并感觉到我的体重下降了，这个项目是有效的。这是一个非常容易执行的项目，而且应用程序也对用户非常友好。我加入了他们的Facebook小组，看到其他人做着和我一样的事情，他们也取得了成功。

后来，发生了我在节食时总是会发生的事情——大约2个月的时候，我失去了兴趣，因为每周记录、拍照、称重和测量变得很无聊。另外，也发生了一些私人的事情，我用我通常的应对方式，吃尽可能多的食物来缓和我的情绪。但是，我仍然继续参加这项活动，因为这样才能拿回我的钱。事实上，我在记录我吃的食物时撒谎了，也停止了拍照、称重和测量自己。我所有减掉的体重都恢复了，而且变得更重。最后，他们没有把钱退给我，因为我没有仔细阅读细则，也没有严格遵循他们关于退款的要求。"

真相

短期节食，我把它描述为在规定的时间内遵循的饮食计划，例如在健身房或工作中进行的"6周挑战"或类似的事情。这种类型的饮食通常以快速减重为目标，如果你达到特定的减重磅数，还会得到奖励（例如，我家附近有一家健身房，如果你按照他们的计划在6周内减了20磅，他们保证把钱退还给你）。

短期节食有用吗？

有许多不同类型的短期节食，其中大多数都具有相当严格的饮食模式。在大多数情况下，这意味着你将摄入更少的热量，从而能减轻体重。

谎言

这种饮食存在一些问题，尽管它们本身并不是谎言。首先，从长远来看，这些严格限制的饮食中几乎没有一种是可持续的。再说一次，这些计划通常不会保证长期结果，只会保证使你减轻一定的体重。这通常就是吸引人的地方。人们喜欢减重的想法，但不会考虑如何保持下去。

大多数人都对严格限制的饮食感到不满意，而且在执行计划期间，很可能非常痛苦。其次，严格限制的饮食无法提供日常生活中所需的营养或能量，特别是如果还要进行高强度运动。虽然热量缺乏对减脂很重要，但热量缺乏太多本身就是一个问题。第三个问题是，这些短期饮食计划中很少会教人们如何长期可持续地饮食。换句话说，一旦放弃这种饮食方式，你往往会回到原来的饮食模式（或者更糟，因为你已经有一段时间没吃这些东西了），而体重很可能又会恢复。

> 大多数人都对严格限制的饮食感到不满意，而且在执行计划期间，很可能非常痛苦。

虽然溜溜球饮食法不一定意味着你会面临体重增加或患糖尿病的风险[99]，但这绝对不是理想的选择。短期内减轻体重可能令人非常满意。你会看到自己的体重骤减（特别是刚开始时，主要是因为水分流失而不是脂肪流失，尽管可能也会有一些脂肪流失），而且感觉很棒。你的衣服会更合身，你可能已经为想要参加的活动做好了准备。

但是，当你放弃节食并恢复原状时，你很可能会感到灰心、沮丧或失败。当然，你也可能不会有这些感觉，但这些是对体重反弹的常见反应。话虽如此，有关没有达到节食目标的心理影响的研究很少，所以我只能凭自己的观察做出判断。

一个非常遗憾的事实是，大多数减重很小比例（5%~10%）的人会在一年内反弹[100]。如果你想减重且不会反弹，找到可以长期坚持的方法很重要。

■ 小结 ■

短期节食通常是有效的——在短期内。但是，它们可能在营养或热量上不合理，而且大多数人可能在规定的饮食时间段之外不会继续坚持该计划。如果你想要长期坚持，考虑别的方法吧。

第 10 章

排毒饮食

我的几个朋友分享了他们在排毒减肥方面的经历。科里（Corey）的分享简单明了：

"几年前，我坚持了1个月。我做到了，体重减轻了很多，然后在停止后又反弹了，而且我服用了很多补品。我说完了。"

菲利普（Philippe）的分享详细得多：

"早在2006年年初，我就试验了柠檬枫浆排毒健身法（Master Cleanse）。原因很简单——我的一个朋友告诉我，他们夫妻俩已经尝试过。虽然我没有身体上的需要，但我的营养知识主要来自经验而不是教育，也不是来自我的个人培训认证课程（如国家运动医学学会的书籍，以及我参加的'运动员营养'课程）。

在那段时间，我经常会听到或读到一些东西，然后自己尝试，这样我就可以评价它。

除了我是个天生瘦弱的青少年外，从来没有遇到过任何重大的体重问题。我那时会吃更多来让身体长胖，除了吃更多，举重训练更多以及肌肉变得更大外，没有任何精确的方式。

所以，当我有想要加快新陈代谢，准备好拍照片，加入'排毒健身'的时尚潮流的想法时，我会说：'当然，为什么不参加？'

我想看看自己是否能坚持下去，并设定了为期10天的目标。

我从用无添加碘的海盐水帮助排便开始。在整个过程中我尝试了几次。

喝完之后我就没有离开过家。据称，它的pH值类似于血液，你的身体会排斥它，所以你会频繁地上厕所。这样做了两三次之后，我注意到排出的物质'更加清澈'。恶心警报：第1次排出的东西量较大，颜色更丰富，也更浓稠。随后排出的东西更清淡，第2次有一些食物残渣（不易消化、叶状的东西），而第3次几乎没有什么东西。

我担心会缺乏蛋白质，因为我摄入的只是水或'柠檬水'，其中包括水、柠檬汁、B级（深琥珀色）枫糖浆和辣椒。要注意的是，对于需要'排毒'的人，它可能导致焦虑、负面情绪和身体上的不适。但我是一个相对理性的饮食者，所以我没有任何身体反应。（我有一个客户尝试过——她有一个异常的健美基因，能全年拥有6块腹肌，但她吃了很多垃圾食品，所以需要'排毒'。她的体验并不好。）

第1天很正常且令人兴奋。第2~4天产生饥饿感、胃收缩且经常腹鸣。但是我能够对此做出解释，'我的胃想要吃东西，但是我不需要食物，我不饿，因为我已经摄入了足够的热量。'能量永远不会减少。一定程度上有易怒或渴望食物的感觉（闻到别人的食物是一种折磨）。

'排毒健身'方案建议饮食习惯较差的人喝薄荷茶，因为叶绿素可以中和排毒过程产生的难闻的汗水，就像把你身体里黏糊糊的东西清除掉。我没有经历过这样的情况，但我喜欢喝茶，以缓解只有柠檬汁－枫糖浆－辣椒粉这种混合物的无趣。

我注意到我的汗水闻起来像枫糖浆，但这并不令人讨厌。我的嗅觉非常敏锐，在那10天里，我的体重从183~185磅降至172~173磅。我从不觉得虚弱，在忙碌中很容易就度过了一天，只要感到饥饿就会喝一壶'果汁'。理智的警报：我甚至在排毒结束的前一天去吃了烧烤，然后再继续执行该计划。

禁食结束时，我吃了巧克力羊角面包和橙汁（不推荐喝菜汤或肉汤）。我感觉很好，没有胃肠道疾病或其他问题。

我感觉我的新陈代谢在那段时间加快了，我很难再恢复到原来的体重了。在我看来，我减轻的体重中一部分是水的重量，一部分是脂肪，而主要是我身体中的垃圾。在第5天或第6天后，我感觉我根本不需要再去参加第2次，虽然我排了很多尿（因为喝了很多饮料）。

我会推荐它吗？我会再做一次吗？不会，因为我不相信排毒，我相信的是合理的饮食。我也不是经过认证的营养教练。我不会这样做，因为它不在我的计划清单中，而且我担心在我这个年龄[30]失去肌肉质量会更难恢复。

我从中受益了吗？是的。我有几个客户也在这么做，他们中除了一个人外，其他所有人都很享受这个过程。在那之后，有些人不时还会体验一下，清理掉体内的垃圾，或者只进行一次为期2天的排毒（为什么这么做取决于他们自己）。在这段经历后，我的新陈代谢加快了，吃垃圾食品时毫无愧疚、自责，甚至在几个月内都没有任何不良后果。"

真相

排毒的世界非常诱人。排毒声称可以清除体内的毒素，这种毒素显然是从饮食、空气、水以及日常生活中累积的。排毒可以使你的皮肤焕发光彩，使头发变得光亮，使牙齿和指甲变得坚固，改善器官功能，改善精力水平，逆转疾病，帮助你更细心地思考，帮助你更好地消化食物，或使体重减轻。这些宣传都是真的吗？

大多数排毒饮食都会从饮食中排除特定的食物，这通常包括一定数量的肉、糖、盐、油、加工食品、咖啡因、大豆、某些水果或蔬菜、豆类、小麦等。它可能包括禁食，喝各种果汁调和物，喝菜汤或肉汤，服用泻药和利尿剂，服用益生菌，采用排汗疗法（例如桑拿浴）或服用各种补充剂。它们甚至可能包括灌肠或洗肠。可能会推荐一些食物作为特别的清洁食物。排毒可能仅持续几天。

排毒有用吗?

排毒饮食通常会导致热量极度减少,因此会导致体重在短期内减轻。它们肯定是无法长期持续的,这意味着当恢复正常饮食方式后,体重可能会反弹。此外,超低热量饮食和高度限制性饮食通常在营养上是不全面的。如果你在足够长的时间内缺乏关键营养素,可能会导致一些非常严重的健康问题,包括死亡[101]。

排毒饮食也可能非常昂贵。在网上快速搜索一下就会发现,"超级食物排毒套餐"售价140美元,某种排毒汤售价250美元,3天的排毒果汁售价100美元,5天"初学者"排毒果汁售价120美元,14天"排毒"售价176美元,21天"排毒"售价475美元。关于这个主题的书也数不胜数,它们都在宣传不同的日常排毒食谱。这些饮食没有任何一致性,没有监管,没有科学依据。但是对于它们的创造者来说,它们是非凡的赚钱工具。

我明白了为什么人们会被排毒饮食所吸引。因为它们感觉像是一个崭新的开始,它们崇高的观点令人着迷。在许多情况下,"排毒"这个词被"净化"和"更新"之类的其他词语代替,这使它们听起来非常诱人(也使它们变得更难监管)。参加排毒计划的人往往看起来很平静、自信、平和、容光焕发,这似乎是开启崭新的、健康的生活方式的好方法(对于大多数人来说,似乎不会持续很长时间)。但是,它们只是未经证实的模糊承诺,最终不会得到兑现。

谎言

"毒素"这个词的问题在于,它没有明确的定义。许多药物、酒精和烟草都会产生上瘾的症状，并在体内释放一些有毒的物质。停止危险的上瘾过程无疑是一种排毒过程，但这不是这些饮食的目的。排毒饮食通常对要清除的毒素的定义非常模糊——重金属、食物和饮料中的化学物质、空气中的污染物，或者也许是我们在个人卫生习惯中通过皮肤、衣服吸收的污染物，以及我们在一天中接触的任何其他东西。遗憾的是，当"毒素"这个词的定义如此宽泛时，很难证明它是否被有效地去除（或者是否需要去除）。实际上，我们要解决的毒素类型很重要，体内有多少这种毒素也很重要。我们的身体具有极强的适应能力，可以处理少量的"有害"化学物质而不会产生不良影响[101]。

> 排毒饮食通常对于它们去除的是什么毒素的定义
> 非常模糊……

这并不是说，存在大量的化学物质是没有危害的。以前在农业、包装甚至家庭中使用的许多化学物质（石棉和铅管，等等），在许多国家都已被禁止，因为它们与各种健康问题存在着关联。尽管有一些动物研究表明，某些食品成分（例如香菜、小球藻和柠檬酸等）有能从体内清除某些重金属和其他一些有毒化学物质的潜力，但绝大多数结果目前还尚未在人类中得到证实[101]。最重要的是，还没有任何饮食被证明能从体内去除这些或其他有害物质。

■ 小结

　　排毒饮食可能会导致短期的体重减轻。但是，它们通常是不可持续的，具有严格的饮食限制，价格昂贵且有潜在危险。目前没有科学证据显示排毒饮食是有益的[101]。如果你决定选择这条路，请谨慎行事，也不要抱太大希望。

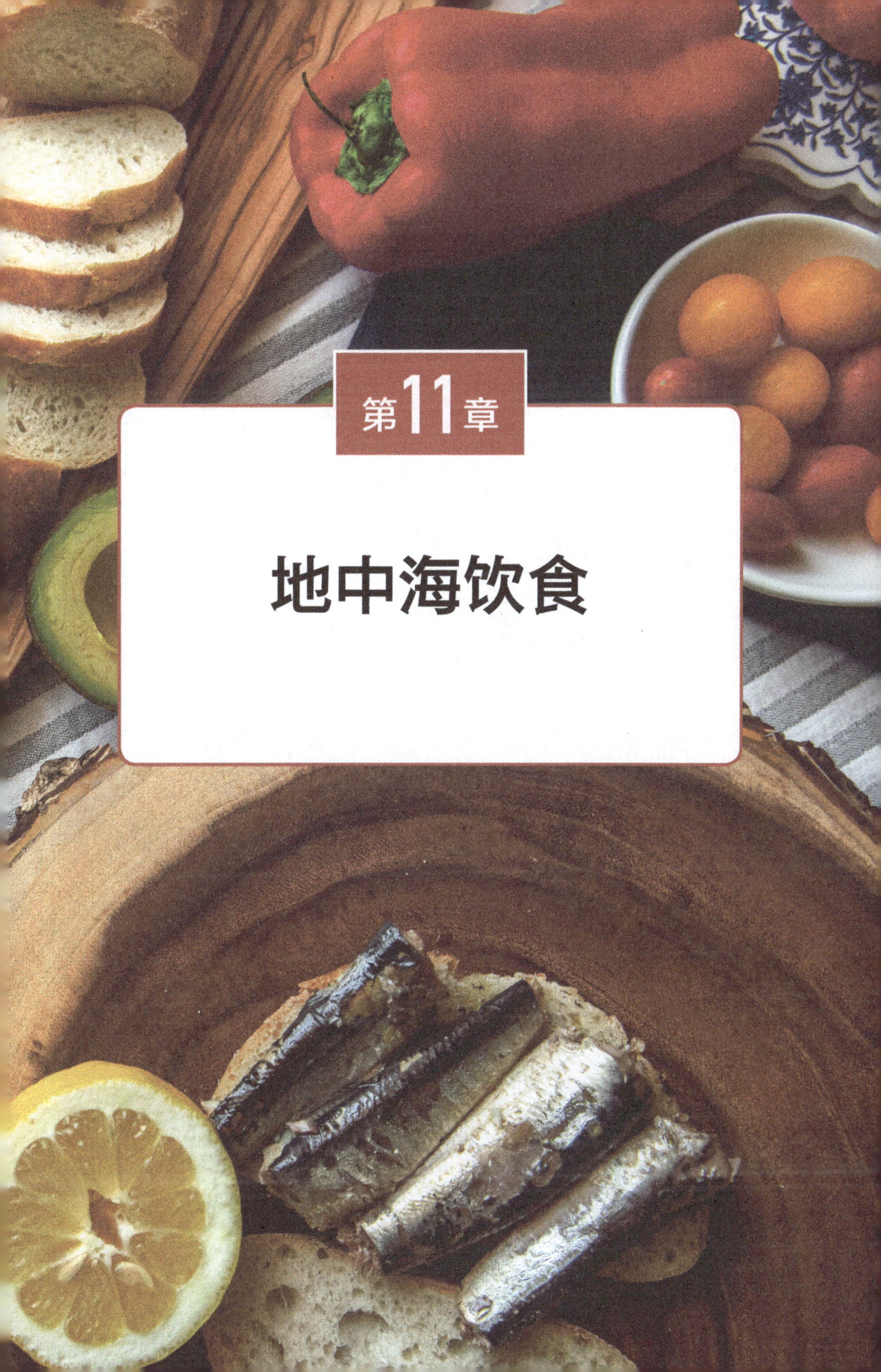

第11章

地中海饮食

我的朋友莫妮克（Monique）与我分享了她在地中海饮食方面的经历：

"我的父亲是旧时期的西西里人，我是由他抚养长大的。向地中海饮食的转变对我来说完全没有经过任何刻意的努力，我只是记录和反思自己童年时期的饮食习惯，与现在向想要改变饮食习惯的人推广的包装饮食有多么相似。

爸爸不喜欢在晚饭前吃零食，所以他总是摆上一盘美味的橄榄（有绿色和黑色）、黄瓜、西红柿和大葱。

晚餐一般都有某种蛋白质食物，通常是鱼、羊肉、鸡肉或猪肉。除非爸爸在户外烧烤，否则很少见到红肉。每天的开胃菜都是深绿色的蔬菜和沙拉，通常包括抱子甘蓝、菠菜、西葫芦、青豆、萝卜、青菜和珍珠洋葱，配生菜沙拉，因为它们'对你来说更好'。

爸爸唯一不喜欢的是橄榄油。通过营养学研究，我很快了解到，橄榄油所提供的单不饱和脂肪酸是很有益处的。没有菜籽油，没有葵花籽油，没有植物油，只有橄榄油。我甚至在烘焙食品中使用它，因为我喜欢它的味道，我的孩子们也从来没有注意到有何区别。我是用橄榄油把他们养大的。还有大蒜，如果大蒜能加到巧克力曲奇饼干中，我可能会这么做。但是为了孩子们，我不得不设定一条底线。在我遵循的地中海饮食中，除了我提到过的一些蛋白质来源外，还包含蔬菜、坚果、豆类、海鲜、橄榄、羊乳酪和各种其他奶酪（在限制范围内）。

我的家庭的西班牙血统影响了我，使我在饮食中添加了一些东西，从而破坏了地中海饮食的纯粹性。我是辣椒的忠实粉丝：墨西哥青辣椒，阿纳海姆、奥尔特加、哈瓦那辣椒和不辣的品种——红、橙、黄和绿甜椒——所有这些都是我最喜欢的维生素C的载体或促进新陈代谢的物质。

总的来说，将我从小养到大的地中海饮食为我带来了很多益处。我的血压一直稳定在100/70~110/75mmHg（1mmHg=0.133kPa）。我的胆固醇水平很低。当我由于怀孕或（最近）更年期的激素问题而出现体重增加时，体重增幅也非常小，我认为我在月经期或更年期期间从未有过严重的症状。经前症候群还从来都没有出现过，我也不知道潮热是什么感觉。老实说，鉴于我的历史，我认为我不会像大多数女性那样，主要因为我的营养很全面，而且作为多年在健身房锻炼的回报，我的新陈代谢和肌肉脂肪比例对我都很有帮助。

当我不再维持地中海饮食时，我立即感觉到我的关节炎和进入20世纪下半叶后出现的一般疼痛感有所不同。但是当我维持自己的饮食习惯时，就不会发生关节酸痛，同时，我的精力也会很旺盛。

最近，我对于完全淘汰动物产品的想法很感兴趣。这对我来说需要一个过程，但我认为这是一个必要的过程，因为我们的肉类来源越来越可疑。生产过程中添加的激素和不可靠的制作方法使我反思我目前的蛋白质摄入习惯是否合适。我只需要找到一些食物组合，将我的蛋白质水平保持在与这些年的动物蛋白质一样的水平。我还需要考虑我的家人，他们在植物型生活方式上不一定与我观点一致。

因此，我的下一步计划是进一步完善地中海饮食，将其精炼成令人满意且营养合理的植物型地中海饮食。"

真相

地中海饮食在本质上是指生活在地中海沿岸国家的人们的一般性饮食。尽管这种饮食没有明确的定义，但通常富含蔬菜、水果、全谷类、豆类、药草和香料、鱼和橄榄油，很少包含家禽、鸡蛋和乳制品，偶尔包含红肉。这种饮食通常避免使用精制肉、含糖肉以及商业加工肉类和零食。

地中海饮食有用吗?

尽管专门考查地中海饮食与减重的研究很少，但现有研究表明，这种饮食可以减轻体重。对五项随机对照研究的一项荟萃分析发现，地中海饮食比低脂饮食在减肥方面更有效，但与低碳水化合物饮食和美国糖尿病协会饮食相比，在坚持这些饮食超过一年的肥胖者中的减重效果相当[102]。另外两项分析得出的结论是，地中海饮食在减重方面比对照饮食更好，并且没有引起体重反弹的趋势[103-105]。应该注意的是，当地中海饮食与更多的体育活动或减少热量相结合时，比标准的地中海饮食能更有效地减轻体重[104-105]。

> 地中海饮食可能对减重很有用，因为它通常不包含我们容易暴饮暴食的食物，例如休闲食品和甜食，并增加了让我们更长时间具有饱腹感的食物。

对地中海饮食的研究主要针对的是它的健康益处，而不是减重效果。它与降低心血管疾病的风险有着密切的关联[102-105]。这种饮食富含多酚，多酚是不同植物型食物中富含抗氧化剂的有益化合物。橄榄油、蔬菜、水果、豆类、葡萄酒和全谷物都是地中海饮食中多酚的重要来源。人们认为，多酚是各种有益影响的背后原因，它能保护人体免生疾病和延缓衰老，减轻炎症，改善肠道健康和消化等[105]。有人建议，食用少有加工食品的高多酚饮食（如地中海饮食）有助于降低炎症水平，从而能够降低肥胖和代谢疾病的标志物[106]。尽管有研究表明，多酚在减轻炎症，用做益生元，帮助燃烧棕色脂肪组织，增加饱腹感（从而减少食欲）等方面发挥着作用，但只需要多酚就能减重的证据是站不住脚的[105]。

地中海饮食可能对减重很有用，因为它通常不包含我们容易暴饮暴食的食物，例如休闲食品和甜食，并增加了让我们更长时间具有饱腹感的食物。因此，开始采用地中海饮食的人所摄入的热量可能比以前更少。对地中海饮食限制热量和锻炼后，减脂效果会更好[104-105]。

谎言

如果你正在采用地中海饮食，但摄入的热量仍然多于消耗的热量，那么你将不会从该计划中看到减重的好处，而且体重很可能还会增加，这也是合情合理的。由于这种饮食本身没有特别严格的限制，所以可以有多种方式。虽然这对于许多人来说可能很有吸引力，但对于无法很好地控制分量的人来说，这可能也是个问题。食用大量的油（哪怕是橄榄油）以及坚果等高脂肪食物，可能转变为高热量饮食，进而引起一些问题。即使一种饮食中含有超级健康的食物，你仍然需要注意自己摄入的分量。

◾ 小结

如果严格控制热量，那么地中海饮食可以是一种减重的健康方法。请记住，一种饮食仅仅是健康的，并不意味着它会自动导致体重减轻。

第12章

3小时饮食

我的朋友杰里米（Jeremy）分享了他每天少吃多餐的经历：

"大概从六年级开始，我一直有点胖。当我长大成人，开始养家糊口、长时间工作，不再关注自己的健康时，我的体重无数次地上下波动。我最终发现一种可以持续供应营养的方法对我很有效：每天吃4~5顿，少吃多餐，而不是传统的早餐、午餐和晚餐。这对我的影响是巨大的。与其他计划相比，我能够更成功地遵循这种饮食计划。每天少吃多餐让我感觉不到饥饿，因此我能够更成功地坚持这个饮食计划并且保持营养均衡。它让我的新陈代谢持续进行，就像不断地把小堆的木柴放在火上，而不是每天分两次放一根大木头，这也有助于我更持久地燃烧脂肪和锻炼肌肉。我感到精力充沛，而且我的专注力或精力从未下降。但是有一个问题，少吃多餐并不是万能的方法，必须保持营养一致、适当、均衡。我吃5~6份蔬菜和瘦肉蛋白；3份水果；4份淀粉类食物（我不是说'碳水化合物'，因为严格来说，水果和蔬菜也属于碳水化合物），比如土豆和其他根类蔬菜、全麦面包和糙米；还有一些健康的脂肪，比如奶酪、鳄梨、坚果、鹰嘴豆泥和有益心脏健康的油。随着年龄的增长，我了解到，在体重管理和减重、肌肉锻炼、能量平衡和整体健康方面，我不能通过锻炼来战胜不良的饮食。所有这些可以归结为坚持连续性、分量控制、均衡的营养摄入，以及通过少吃多餐来加快我的新陈代谢。"

我的朋友艾莉森（Alison）也分享了她的经历：

"优点：

1. 如果我想达到并保持一定的体重（对我来说，132磅左右），我就必须那样吃饭；

2. 我的精力更好——我认为这是因为我的血糖更稳定；

3. 我的运动表现更好，这意味着我的有氧健身和力量训练都得到了提高。

缺点：

1. 需要大量准备时间；

2. 我走到哪儿都带着食物，因为我的燃料太少了；

3. 我感觉自己一直在吃东西；

4. 生活很容易破坏所有这一切。

只有通过这样的饮食方式，我的体重才能显著下降（我说的是30磅），而我必须保持这一习惯才能持续减脂。间歇性禁食绝对不适合我。生酮饮食味道很好，却不能给予我饱腹感，可以减轻体重，但肯定会妨碍我的健身。我目前没有做到一天吃五六顿，但我马上就会这样做！只要我没有保持这种饮食方式，我的体重就会迅速增加，眨眼之间就可以长10磅。我认为这种饮食对我最有效，因为我患有反应性低血糖症。我必须食用低碳水化合物才能维持血糖水平，所以我的宏量营养素比例是蛋白质占40%，脂肪占30%，碳水化合物占30%。"

真相

一个流行的饮食建议已经流传了很长时间，那就是每隔3小时吃一顿或每天吃5~6顿小餐会促进新陈代谢，而长时间不吃饭会让身体进入一种节省脂肪的饥饿模式。这是一种与禁食相反的观点——一如往常，营养学的世界充满了相互矛盾的观点。2005年，乔治·克鲁斯（Jorge Cruise）写了一本名为《3小时饮食》（*The 3-Hour Diet*）的书，使这个观点更加流行。该饮食计划提倡每隔3小时吃一顿，每天吃5顿更少量、更均衡的饭菜。

3小时饮食有用吗？

3小时饮食的原则之一是主餐控制在400千卡左右，任何形式的零食应保持在100千卡左右。一天下来，你吃了1400~1500千卡，对于许多人来说，这会导致体重下降，因为他们每天消耗的热量超过1500千卡（这可能比他们采用这种特定饮食计划之前消耗的热量少得多）。实际上，对于经常进行高强度运动的人，这一热量推荐值可能非常低。

优点

只要饮食保持在特定的碳水化合物、蛋白质和脂肪分量内，3小时饮食对人们所食用的食物类型就没有特别限制。控制分量对于减脂是绝对必要的，所以从这方面讲，这是一个好主意。

3小时饮食没有将食物标为"好"或"坏"，也没有对可以吃的食物设置很多限制。它允许在必要的时候限制饮食（宗教、过敏原相关限制等），并且对于食物偏好具有很高的灵活性。这些对于需要长期坚持这种饮食的人来说是优点。

> 3小时饮食没有将食物标为"好"或"坏"，也没有对可以吃的食物设置很多限制。

谎言

这种饮食有效是因为热量限制和分量控制，而不是因为每3小时吃一次会"促进新陈代谢"（此观点的科学证据非常少[108]）。此外，没有任何证据表明，像书中所说的那样，每3小时吃一次可以降低压力和皮质醇水平。有证据表明，少吃多餐可以让人一整天都不觉得饿[109]，这可以避免因为严格限制的饮食导致的暴饮暴食的可能性。但是，有关这方面的研究结论并不一致，也有研究表明，吃更多次不会减少饥饿感[109]。所以，这很可能因人而异。

小结

只要摄入的热量少于燃烧掉的热量，3小时饮食或任何少吃多餐的饮食形式都可以减轻体重。这与3小时成为神奇的减脂数字毫无关系。

第2部分

我们讨论了许多有关饮食的谬论和事实，但是在营养和减脂领域还有更多的不确定性。在这一部分，我将讨论很多关于食物的其他概念。人们常常毫不怀疑地接受这些观点。也许你会从一些你一直珍视的观点中得到一些精神慰藉，不过，我是一个喜欢质疑所有事情的人（看看我是怎么做的）。

在那之后，我们将最终深入到事实真相——到底什么才是最好的饮食？我们所有人一直在寻找的神奇的减肥灵药是什么？请继续关注，我会尽我所能告诉你那些科学和经验告诉我的一切。

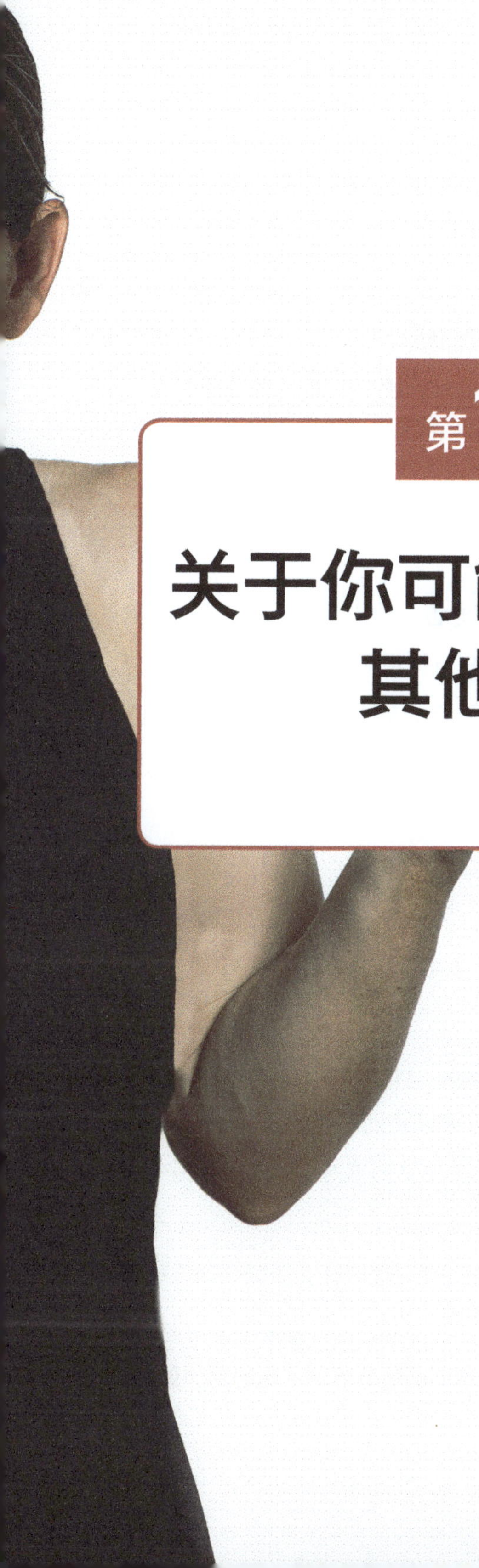

第13章 关于你可能听说过的其他谎言

在营养学领域，不仅有减肥计划，还有更多含糊不清之处。我们总是听到有关最新的饮食策略，大型制药公司不希望你知道的最新消息以及最新的超级食物。（顺便说一句，我讨厌这个词——超级食物通常不像你想象的那样超级。它们确实有一些优点，但通常在所炒作的优点上名不副实，我跑题了。）这些观点中有时有一个是真的，有时有两三个是真的。但是通常情况下，它们也会引起很多炒作和困惑。本节将整理一些我最常被问到的话题。

合成代谢窗口期的谬论

从我记事起，健身房那帮人就一直在兜售合成代谢窗口期。他们在举重台上刚完成最后一组，就说道："我现在得吃点蛋白质奶昔了，否则我就会失去所有的收获。"合成代谢窗口期是紧接训练后的某个特定时间空档，在此期间需要摄入碳水化合物和蛋白质，才能使你当天在健身房中完成的锻炼真正发挥作用。

经过高强度的训练后摄入蛋白质和碳水化合物，可以为细胞补充糖原（即肌肉燃料）。这对一些人来说非常有用，例如，耐力超强的运动员（因此需要在长时间的运动中补充能量）或每天训练多次，需要让身体为下一个项目或锻炼做好准备的人[107]。

训练后摄入蛋白质和碳水化合物也被认为有助于训练后肌肉的重建和修复，特别是通过增加胰岛素水平（胰岛素可以帮助促进肌肉生长）。不过，这并未真正显示出研究中预期的效果：胰岛素飙升似乎对训练后的肌肉生长没有多大影响[107]。

对于大多数人来说，锻炼后并不需要及时为肌肉补充能量，训练后几小时再吃东西对运动表现和体形都不会有影响[107]。当然，在训练后适当摄取蛋白质不会造成任何问题，但是如果没有条件，也不必过分强调一定要这么做。通常，如果想真正获得最大的效果，从锻炼前进餐到锻炼后进餐，应该保持在3~4小时内。如果在禁食期间进行训练，最好在锻炼后尽快摄入一些蛋白质和碳水化合物。如果在训练前吃了一顿非常丰盛的蛋白质大餐，那么到训练后的两次进餐之间最多可以间隔6小时。你的身体其实更关心每日的碳水化合物和蛋白质需求是否得到了满足。因此，除非你有非常特殊的运动或体形目标，在这种目标下，微小的变化就会造成巨大影响，否则，应该优先考虑是否满足了需求，而不是关注时间[107]。

有机食品怎么样

我们大多数人都将有机食品与多种健康益处联系起来，也许这种食品中含有更多的营养成分，或者也许使用农药对人体健康有害。许多人提到，有机做法更环保，还有许多人认为有机食品的味道更佳。不过，有机标签带来的是更高的价格。付出额外的费用值得吗？

到目前为止，研究并未显示出有机食品和非有机食品在蛋白质、碳水化合物或脂肪含量上有多大差异。有证据表明，有机农产品的抗氧化剂含量可能更高，有机肉类和奶制品的脂肪结构也更健康（例如 ω-3脂肪酸含量更高）[114]。某些其他营养成分（例如镁、α和β-胡萝卜素、叶黄素、槲皮素、山奈酚、玉米黄质、某些类型的脂肪酸）的含量也可能更高。但是，这些差异是否让有机食品的食用者变得更健康，仍然需要更多的研究。

有机食品中不健康物质的含量更低，例如重金属、人造肥料和杀虫剂，以及可能对抗生素具有抗药性的细菌[114]。虽然目前认为低含量的农药残留对人体健康是无害的，但尚未确定。

尽管在获得认证的有机产品中不允许使用合成农药，但仍会在有机产品中发现一些由于交叉污染而带来的农药残留。还有一些允许在有机农业中使用的天然农药，它们不在主要研究中测试的合成农药之列，这些农药的允许含量长期对健康的影响也可能受到质疑[115]。此外，在一些国家禁止使用的某些天然农药仍然有资格用在进口产品上。例如，鱼藤酮是一种天然农药，已发现对健康有害，在美国已被禁用。但是，在某些国家并没有禁止使用该产品，从那些存在鱼藤酮的国家进口的产品，目前在美国仍被合法地视为有机产品[116]。如果担心农药的摄入，"有机化"可能不是解决方案。

虽然有机食品中某些营养成分的含量可能较高，但尚不确定食用有机食品是否会改善人的整体健康状况。更重要的因素在于饮食和生活方式的整体质量。而且，让我们面对现实吧，有机产品非常昂贵，对于许多人来说，购买有机产品而不是非有机产品是不现实的。如果为了避免传统种植的农产品的危害而放弃水果和蔬菜，你的健康可能会因此受到损害。最重要的是，你应该吃水果和蔬菜，无论你是以什么方式得到它们的。你不需要选择有机食品来获得益处。

转基因食品怎么样

如今，转基因食品（GMO或GM）已成为一个热门话题，许多人由于恐惧而对这类农作物产生了敌意。过去几十年来进行了许多研究以确定转基因食品［也称为基因工程（GE）食品］的安全性。遗憾的是，事实依然有些模糊。

转基因食品有好处。它们可以使农作物植株变得更坚韧，也许可以减少对化学农药的依赖，增加食品的营养价值，并有潜力帮助解决世界上资源匮乏地区的营养危机。新食品技术的发展有很多好处，但安全性问题仍然存在。

世界卫生组织（WHO）[117]声明：

> 转基因食品及其安全性必须根据具体情况进行评估，因此不可能对所有转基因食品的安全性做出一般性的说明。国际市场上的转基因食品已通过风险评估，不太可能对人类健康构成风险。在批准

这些食品的国家，没有证据表明普通民众食用这类食品会对人类健康造成影响。

基本上，尽管世界卫生组织承认目前尚无证据证明转基因食品的食用与人类健康之间存在联系，但这是一项持续的调查，无法对转基因食品的总体安全性做出详尽的说明。

美国国家科学、工程与医学院[118]具有类似的声明：

> 为了检验某些假说，在缺乏长期的分组对照研究的情况下，委员会审查了自20世纪90年代末以来一直在消费转基因食品的美国和加拿大的流行病学数据，以及来自未广泛消费转基因食品的英国和西欧的类似数据。自20世纪90年代引入转基因食品后，没有发现各国在特定健康问题上的差异。

该报告基本上表明，自20世纪90年代引入转基因食品以来，在收集的数据中未发现健康问题。但是，该组织还提出了一个重要问题，那就是：

> 迄今为止，还没有关于转基因食品的长期的分组对照人类研究。

这是这里的数据非常模糊的主要原因。已经有大量的研究对动物进行了实验，尽管许多食品并未表现出对所研究条件的影响，但其中有一些也确实导致了健康问题[119]。虽然这些结果不能确定转基因是造成这些问题的具体原因，但它们的确为我们留下了思考的空间。还有许多健康状况没有得到研究，这给人们留下了争论的空间。

在人类身上的研究结果可能完全不同。除非在控制条件下对人类进行这些研究，否则很难得出任何结论。

数据尚无定论，因此很难说我们是否需要抱怨转基因食品。我只能说，如果担心转基因食品对健康的影响，在购买食品时尽量避开它们就行了。但是，就像有机食品一样，这可能会变得很昂贵，对许多人来说可能不切实际。积极主动，但不要以把水果、蔬菜和其他健康食品从饮食中剔除为代价，尤其不要以牺牲你的金钱平衡为代价。正如世界卫生组织所言，我们可能需要逐个分析转基因食品的问题，随着更多信息的披露，我们将能做出更好的决定。

> 迄今为止，还没有关于转基因食品的长期的分组对照人类研究。

水果和豆类不是恶魔

许多更极端的饮食计划喜欢剔除水果和豆类。我们在本书中已经提到过几次，但我认为这是一个值得重申的观点。

从饮食中剔除水果和豆类的主要原因是它们的含糖量。我曾经听到一个非常有名的健身达人声称（我引用他的话）："鹰嘴豆就是小小的糖弹。"事实是，在100克鹰嘴豆中，有4.8克糖（完全算不上糖弹）。它还含有8.86克蛋白质、7.6克纤维，而且它们是许多营养成分的良好来源，例如叶酸、铁、镁、磷、锌、维生素B_1和维生素B_6[120]。鹰嘴豆的健康益处不容忽视，可恶的是那4.8克糖。

在一项长期研究中，发现吃鹰嘴豆的人的体脂水平也较低，罹患心血管疾病的风险也较低[120]。虽然这无法直接与食用鹰嘴豆本身联系起来，可能是由于吃鹰嘴豆的人总体上拥有更健康的生活方式，但我们至少可以说鹰嘴豆似乎对体重增加没有太大的影响。但是为什么只提到鹰嘴豆呢？总的来说，豆类被认为是一种非常有益健康的饮食补充，提供了纤维、复合碳水化合物和许多营养成分（因豆类的种类而异）。一项回顾性研究指出，用豆类代替高热量食物可以减重[121]。这并不一定是因为豆类有着某种神奇的燃烧脂肪的能力——它只是表明用豆类代替高热量食物可以减少能量摄入（豆类本身当然不会导致体重增加）。

水果也有类似的故事。关于水果的最大抱怨之一就是它的含糖量。是的，水果可以提供大量的糖分。尽管如此，水果还含有大量的健康的营养成分，从纤维到不同的植物化学物质再到维生素、矿物质、抗氧化剂，等等。较高的水果摄入量可以降低癌症、心脏病和肥胖的发生率[122]。所以，同样地，虽然我们不能说水果是导致变瘦的直接原因（有推测认为水果的某些成分可能对减肥有帮助，但这只是推测，还需要做更多的研究），但我们可以说水果本身可能不会使人们发胖。归根结底，水果提供的营养价值超过了其含糖量。

最重要的是，你应该吃豆类和水果。你可能会因此变得更健康。

茄科植物不是毒药

茄科植物由于某种原因而获得了不好的口碑。茄科植物类别包括西红柿、茄子、辣椒、小番茄和土豆。烟草和颠茄也属于茄科植物，如果这就是你担心的茄科植物，那就不要食用烟草和颠茄，我认为这么做可能是安全的。

话虽如此，其他茄科植物类食物却也获得了非常不好的口碑。据说它们含有被称为生物碱的化学物质，会严重破坏消化系统，造成炎症，加重关节炎等症状。然而，事实是，没有经过同行评议的研究表明茄科植物存在任何这些有害影响。实际上，甚至有证据表明，茄科植物中的化合物可以在一定程度上帮助减轻关节炎疼痛[123]。

此外，茄科植物富含一些非常健康的成分。众所周知，西红柿中的番茄红素可以降低患前列腺癌和心脏病以及其他慢性疾病的风险，西红柿中富含维生素A和C[124]。与普遍的看法相反，土豆与体重增加、糖尿病或心脏病无关（除非吃经过油炸的土豆）[125]。它们的表皮富含钾、维生素C、维生素B$_6$、锰、维生素B$_1$、烟酸、叶酸、泛酸和铁，甚至还提供了一些蛋白质[126]。茄子富含纤维，是锰、叶酸、钾、维生素K和维生素C的来源。它们还含有一种被称为花青素的化学物质，这种物质使它们的表皮呈紫色，并被证明有助于预防癌症和心血管疾病，改善眼部健康，还有助于杀死细菌[127]。辣椒是维生素C、维生素A、钾、纤维和叶酸的重要来源。辣椒中的辣椒素是一种能够散发热量的化学物质，已被证明可以预防不同类型的癌症，例如前列腺癌和黑素瘤，并且还具有抗炎作用[128]。可以说，如果你决定从饮食中剔除茄科食品，你会大失所望。

话虽如此，如果你感觉不吃它们会好一点，也可以不吃茄科植物。世界上还有许多其他水果和蔬菜，食用它们同样能带来很多好处。

都不是抗营养素

抗营养素一直是营养学界的流行语，被用来妖魔化植物型饮食，甚至被用来声称吃蔬菜不健康（这正变成一种越来越流行的观点，但在科学上已经公认，吃蔬菜实际上是非常健康和重要的）。

抗营养素这个词是用来描述阻止人体吸收营养的化合物的。下列抗营养素已被妖魔化：

- 凝集素（几乎存在于所有可食用植物中）
- 植酸（存在于种子、豆类和谷物中）
- 单宁酸（存在于茶、酒、浆果、苹果、坚果和豆类等中）
- 草酸钙（存在于许多蔬菜中，尤其是绿叶蔬菜，如菠菜）
- 皂苷（主要存在于豆类中，但也存在于大蒜、洋葱、燕麦等中）
- 淀粉酶抑制剂（主要存在于谷物和豆类中）
- 生物碱（存在于茄科植物、可可、咖啡、蜂蜜、茶和黑胡椒中）
- 蛋白酶抑制剂（存在于大多数可食用植物中，尤其是种子、豆类和谷物中）

的确，抗营养素可以妨碍某些营养素吸收并可能引起其他问题。未煮熟的芸豆中的凝集素是芸豆中毒（不错，就是四季豆中毒）的根源，芸豆具有极高浓度的活性凝集素[129]。高剂量的凝集素会引起胃部不适、发热和肾脏脱水[129]，所以这类物质肯定是有问题的。

植酸会干扰钙和镁等矿物质的吸收[130]。单宁酸会干扰人体处理蛋白质和铁的能力[130]。草酸盐会与体内的钙、铁和镁结合，使这些营养物质无法被吸收，并会引起胃部不适[130]。皂苷似乎对鱼类、大鼠和其他动物有毒，因此获得了不好的口碑，但是它们在正常剂量下似乎对人体没有毒性[129-130]。大剂量的皂苷可能会导致胃部不适[131]。蛋白酶抑制剂可能会干扰蛋白质的消化，在某些研究中，人们怀疑它会导致胰腺癌[130]，而淀粉酶抑制剂可能会干扰碳水化合物的消化[132]。生物碱可能具有致癌特性，并可能引起细胞突变[133]。

很吓人，对吧？但是所有这些抗营养素也有非常好的一面。例如，药物中使用了生物碱（吗啡、可待因、喜树碱、阿托品、长春碱等）作为抗癌剂、抗毒剂、止痛药和镇静剂[134]。很多人都喜欢的咖啡因也是一种生物碱，它已被证明对运动表现有潜在的好处，并且可能会改善情绪和记忆[135]。皂苷、凝集素、植酸、单宁酸和蛋白酶抑制剂似乎都具有显著的抗癌能力[131-132, 136-138]。事实上，含有抗营养素的食物大部分营养都非常丰富，并具有许多健康益处。对大多数人来说，在饮食中剔除它们不是一个好主意。

如果愿意的话，有多种方法可以减少食品中的抗营养素。漂洗、发芽、浸泡、发酵和加热（或煮沸）食品可以大大消除食品中的某些抗营养素[139-142]，将这些方法结合使用会更加有效。发芽和发酵等方法还可以增加谷物和豆类的养分利用率和消化率，这是一个相当不错的附带作用[140]。

最重要的是，尽管有些人可能会遇到抗营养素带来的健康问题，但大多数健康的人都不会有问题，并且能从含有抗营养素的食物中获得很多好处。如果对某些食物的反应不佳，可以剔除这些食物或尝试某些能减少抗营养素的烹饪方法。但在大多数情况下，可以继续食用。

粉红色的喜玛拉雅盐并不比其他任何一种盐更好

粉红色的喜马拉雅盐是在喜马拉雅山（特别是在巴基斯坦的凯沃拉盐矿中）开采的粉红色的盐。这种盐的粉红色来自其矿物质含量，正是这种矿物质含量让一些人认为这种盐对人体健康有益。

虽然人体确实需要一定量的钠才能正常工作，但绝对没有科学证据表明食用喜马拉雅盐比普通食用盐更有益。喜马拉雅盐的矿物质含量高于普通食用盐，所以很多人认为这些观点是完全正确的。粉红色的盐的支持者夸耀它含有多达84种不同的矿物质。这是一个令人印象深刻的数字，但其中许多营养物质对人体均没有用（有些可能还对人体有害）[110]。

喜马拉雅盐当然也包含有价值的矿物质，并且含量肯定比普通食用盐高。普通食用盐每千克仅含约0.9毫克钾、1.06毫克镁和0.4毫克钙，而每千克粉红色的喜马拉雅盐上述矿物质的含量分别为2.8毫克、1.06毫克和1.6毫克[111]。这很好，但这些含量仍然非常少，要达到这些矿物质的所需剂量需要大量的喜马拉雅盐。美国建议18~50岁的男性和女性每日的钙摄入量约为1000毫克[112]。合理剂量的喜马拉雅盐不会对此产生太大影响。

粉红色的喜马拉雅盐的钠含量比普通食用盐低的说法也是正确的。粉红色的喜马拉雅盐每千克的钠含量为368毫克，而普通食用盐中每千克的钠含量为381毫克[111]。差别不大，因此并不会因为改用粉红色的喜马拉雅盐而大大减少钠的摄入。

普通食用盐与粉红色的盐等调味盐相比，一个好处是它通常富含碘。许多人的饮食中碘摄入不足，而加碘盐是获得足够的碘的好方法。除非你吃的是海藻、鱼、乳制品和富含碘的食物，否则要避免缺碘，就必须食用碘盐[113]。

碱性饮食并不像你想的那样

在有关营养的讨论中，我经常听到的一个话题就是碱性饮食。从理论上讲，某些食物，尤其是那些蛋白质（尤其是动物蛋白质）含量高的食物会导致人体变得更酸，因此容易遭受骨质流失（骨质疏松症）、癌症和其他疾病的困扰。这种饮食的支持者通常会测试尿液的酸度，以确定身体对饮食的反应是酸性还是碱性。

不过，这不是事实——人体在不同部位的pH值（衡量酸度的值）的水平是不同的。pH值的范围为0.0~14.0，低于7.0为酸性，7.0为中性，7.1及以上为碱性。胃里充满了胃酸，所以胃液很酸，pH值在1~5之间，具体取决于当时所消化的食物。血液pH值的范围要窄得多，为7.36~7.44[143]。超出此范围的任何值都可能致命。身体非常擅长维持良好的酸碱平衡。

维持平衡的主要方法是利用尿液。因此，虽然食物几乎肯定不会显著改变血液的pH值，但它可以改变尿液的pH值[144]。实际上，很多因素都会改变尿液的pH值，包括疾病、药物，甚至一天中的时间。但是我离题了。我的观点是，当尿液呈酸性或碱性时，它并不能反映身体其余部位的酸碱度，甚至不一定会反映出食物对身体的影响。

关于骨质流失，目前尚无令人信服的证据将酸性饮食与骨质疏松症联系起来[144-145]。据说碱性饮食可以减少尿液中的钙排泄量，而尿液中排泄的钙来自骨骼。但是，尚无研究表明尿液中排泄的钙与骨质疏松有关[144-145]。

碱性饮食与癌症之间似乎也没有多大联系[146]。虽然癌细胞在酸性环境中生长得更快是事实[146]，但实际上，是血液不适应这种酸性状态（只有尿液为了维持体内平衡而变酸）。癌细胞也可以在碱性环境中生长，所以酸性环境对癌细胞生长并不是必需的[151]。也就是说，我们推测癌症在酸性环境中更普遍，并且泌尿系统的酸性可能更容易受到饮食变化的影响，因此碱性饮食可能对该部位的癌症很有用。但是，仍然需要证明酸性是罪魁祸首，这是有疑问的。实际上，癌细胞似乎会创造自己的酸性环境[152]。如果癌症创造了酸性环境，那么酸性的原因可能是癌症，而不是环境。

尽管目前尚无关于碱性饮食对泌尿系统癌症的影响的研究，但有一些证据表明，碱性饮食可能对肾病有用[147-150]。肾病可导致一种被称为代谢性酸中毒的疾病，使肾脏无法通过尿液来调节人体的酸碱平衡。在这种情况下，人体开始变成酸性，众所周知，这可能是致命的。一些研究表明，碱性饮食可以帮助控制酸中毒，并有助于保留受该病影响的人的肌肉质量[147-150]。服用碳酸氢钠（小苏打）似乎也能解决问题。虽然还需要做更多的研究，但通常来说，如果碱性饮食可以用于预防或治疗某种疾病，那么很可能是涉及尿液的产生和排泄区域的疾病。

碱性饮食有很多好处，但它们与碱性无关。碱性饮食富含水果和蔬菜，这通常会是一个很好的饮食计划。它几乎没有添加糖和加工后的零食，这使其成为更健康的选择。如果你是一个健康的人，那么增加饮食的碱度或减少酸度可能不会获得任何好处。但是，如果患有慢性肾病，这种方法可能值得进一步考虑。无论如何，如果碱性饮食能让你多吃蔬菜，那就吃吧。

碱性水也不像你想的那样

碱性水是指由于碱性矿物的浓度较高而比普通水的碱度更强的水，或者是使用电离器人工碱化的水。很像碱性饮食一样，碱性水被认为是奇迹水，例如它能减缓衰老过程、帮助减肥、保护大脑、预防癌症、帮助身体排毒、促进消化健康和增强骨骼等。

有一些研究表明，碱性水具有潜在的好处。一项研究发现，喝碱性水的老鼠的寿命比不喝碱性水的老鼠寿命更长，尽管这些水似乎并没有改变其器官或身体功能的其他任何方面[153]。但是，这些结果尚未在人类中再现（甚至研究过）。因此，无法确定碱性水是否真的可以延长人的寿命或具有任何抗衰老功能。

由碱性水公司Essentia Water赞助的一项研究表明，健康成年人在运动后喝碱性水可能会降低血液黏度[154]。如果血液黏度较小，血液流动性就会更好，可以更有效地输送氧气，也就可以减轻心脏的负担。然而，在这项研究中，参与者之间的血液黏度从一开始就存在差异，这肯定会影响研究结果。此外，这家碱性水公司主动付费开展这项研究的事实也为研究结果敲响了警钟。这不一定意味着结果无效，但肯定会让我们更加谨慎地看待这项研究。

2011年，对小鼠脑细胞进行的一项实验室研究表明，碱性水似乎可以阻止细胞死亡，并表现出了阻止细胞退化的能力[155]。另一项研究表明，与服用安慰剂相比，给患有帕金森病的老鼠服用了扎姆扎姆水（一种天然碱性水，来自沙特阿拉伯的一口井），似乎显示出一些大脑再生的迹象（尽管它的作用不如帕金森病药物那么好）[156]。同样，这些结果尚未在人类中再现或尝试，因此无法真正得出任何结论（还有一点就是，不要把所有赌注都押在来自一项小型研究的证据上）。

来自中国的一项研究表明，饮用碱性水3~6个月后，血压和血脂都得到了改善[157]；而另一项研究发现，碱性水可改善大鼠的血糖和血脂[158]。这些信息很有趣，但是同样地，还需要做更多的研究，才能真正提出建议。

在一项研究中，pH值为8.8的碱性水可用于治疗反酸[159]。同样，在这个问题上还需要更多的研究。

最重要的是，尽管碱性水可能有一些优点，但实际上，并没有多少证据可以证明关于它的大多数健康观点。我们也不知道长期饮用大量碱性水是否有潜在的有害影响。如果饮用碱性水时感觉良好，可以继续饮用。但是，不要把太多的奇迹归结于碱性水。

第14章

什么是最佳的饮食

总的来说，所有饮食或多或少都有一些作用。如果一种饮食导致摄入的热量少于消耗的热量，则可能最终会导致体重减轻。这时，你需要问自己3个问题：

1. 我喜欢这种饮食吗？
2. 这种饮食能让我保持健康吗？
3. 我能否坚持食用这种饮食，哪怕是在我减掉了想要减掉的体重之后？

这些问题很重要。大多数人在长期减肥中都失败了，因为他们选择的饮食让他们痛苦不堪，或者无法长期维持。"最佳饮食"并不是一个放之四海而皆准的方程式。最佳饮食是可以坚持一生的饮食。

饮食示例

为了帮助确定哪种饮食方式最适合你，以下是一些你可能想尝试的饮食计划示例。这些计划由注册营养师苏珊·克莱纳（Susan Kleiner）博士提供。

成功营养的关键词是计划、购买和烹饪。可以根据饮食说明来确定你认为对自己有效的饮食，但实际遵循该饮食计划是完全不同的事。你可能会看到有关克、千卡和时间的信息，但你吃的不是这些，你吃的是食物。那么，要如何计划一个符合这些准则的菜单？或者你可能认为地中海或纯素食风格的饮食最合适你，但是你如何将所有这些食物都添加到每天的正餐和零食中呢？这才是计划菜单、购买和烹饪真正重要的地方。

可以使用这些菜单示例来看看该饮食计划中某一天的真实状况。计划自己的几个日常菜单。你需要如何获得这些菜单中所需的食物？有需要替代的食物吗？你需要新的食谱吗？创建一个购物清单，确定购买的地点和频率。我们知道，成功改变的第一步取决于对所食用的食物施加更多而不是更少的控制。这意味着至少在饮食旅程开始时，提高你自己做饭（而不是外出就餐或点外卖）的频率将会为你带来更成功的结果。

地中海饮食

让我们从"饮食示例中的一天"开始。我喜欢以地中海饮食作为起点，因为它不是建立在限制的基础上的，并且有充分的证据表明它可以促进健康，在健康而不过度食用的条件下有助于减重。

每个用餐计划均以每天2000千卡的饮食为基础。

这种饮食的标志

- 蔬菜、水果、全谷物、豆类、草药和香料、鱼和橄榄油含量很高。
- 家禽、鸡蛋和乳制品的摄入量较少，偶尔吃红肉。
- 这种饮食通常避免使用精制肉、含糖肉以及商业加工肉类和零食。

食物组配量	菜单
正餐	
2份面包/淀粉	1杯（30克）全谷物（无糖）
1份水果	半杯（90克）新鲜水果
1份牛奶	1杯（240毫升）牛奶
1份中脂蛋白质	1个鸡蛋
1份脂肪	1汤匙（9克）南瓜子（或其他）谷物种子
正餐或零食	
1份水果	半杯（90克）菠萝
1份牛奶+2份蛋白质	1杯（230克）原味希腊酸奶
1份脂肪	1汤匙（9克）杏仁
正餐	
2份面包/淀粉+2份蛋白质	1杯（200克）煮熟的豆类/豆子
2份蔬菜	混合蔬菜沙拉配草药
3份极精益蛋白质	90克（3盎司）鸡肉
1份脂肪	1茶匙（5克）橄榄油和醋，或1汤匙（15克）油和醋酱
正餐或零食	
1份水果	苹果
2份蔬菜	1杯（240毫升）蔬菜汁
2份极精益蛋白质+2份脂肪	2盎司（60克）奶酪
正餐	
2份面包/淀粉配量	1杯（200克）煮熟的法罗，包含蔬菜和草药
1份水果	葡萄
2份蔬菜	煮熟的西蓝花撒上香醋
5份精益蛋白质	150克（5盎司）烤野生鲑鱼
2份脂肪	8颗卡拉玛塔橄榄+烧鲑鱼用的特级初榨橄榄油

注：1盎司≈28.35克。

纯素食

让我们以健康的地中海式膳食计划为基础，将它调整为纯素食。

注意：如果豆类或某些蔬菜使你肠胃不适（有点胀气？），可以尝试使用Beano产品，这是一种天然的酶。它可以帮助更充分地消化豆类和蔬菜，并减少豆类给许多人带来的副作用。

这种饮食的标志

- 食物100%来自植物。
- 不含来自动物的食品。

食物组配量	菜单
正餐	
2份面包/淀粉	2片（2盎司）100%全麦面包
1份水果	半根切片的香蕉
1份豆浆	1杯（240毫升）豆浆
2份高脂蛋白	2汤匙（32克）天然花生酱
正餐或零食	
1份水果	半杯（90克）速冻蓝莓
1份杏仁牛奶	1杯（240毫升）杏仁牛奶
4份极精益蛋白质	30克植物蛋白粉
正餐	
2份面包/淀粉+2份蛋白质	1杯（200克）煮熟的豆类（如斑豆）
2份蔬菜	混合蔬菜沙拉配草药，在沙拉中添加豆类
2份蛋白质	180克（6盎司）烤豆腐
1份脂肪	1茶匙（5克）橄榄油和醋，或1汤匙（15克）油和醋酱
正餐或零食	
2份蔬菜	1杯（30~100克）生蔬菜棒
2份极精益蛋白质+2份脂肪	半杯（115克）鹰嘴豆泥
正餐	
2份面包/淀粉配量+2份蔬菜+3份精益蛋白质	扁豆汤
2份脂肪	1/4个鳄梨
零食	
1份面包/淀粉+2份精益蛋白质	1杯（180克）带壳的毛豆

低碳水化合物饮食

碳水化合物是我们的肌肉和大脑的主要燃料。大脑工作需要惊人的热量，而体育活动需要一个健康的人提供大量的能量。在久坐的日子里，可以选择摄入更少量的碳水化合物来满足更低的活动需求。这个菜单计划的碳水化合物含量很低，但仍然富含各种蔬菜和少量水果，碳水化合物含量也没有低到难以坚持。低碳水化合物饮食可能导致脱水，所以要多喝水！

这种饮食的标志

- 每天摄入少于100克碳水化合物。

食物组配量	菜单
正餐	
	煎蛋卷：
3份中脂蛋白质	2个鸡蛋+1盎司（30克）切达干酪丝
1份极精益蛋白质	2个蛋白
2份脂肪	1/4个鳄梨，切片
自由安排（无热量）	1汤匙（15克）未加糖的洋葱番茄辣酱
	2杯水
正餐或零食	
1份牛奶+2份精益蛋白质	1杯（230克）原味低脂希腊酸奶
1份水果	半杯（90克）新鲜浆果，切成两半
2份脂肪	1盎司（约2汤匙）切块或切片的杏仁
正餐	
	大金枪鱼沙拉：
4份精益蛋白质	120克（4盎司）现烤或罐装金枪鱼
1份中脂蛋白质	1盎司（30克）菲达奶酪，切成小方块
3份蔬菜	2杯（56克）绿叶蔬菜+半杯（81克）蒸熟的四季豆+3个红洋葱圈+3个圣女果
3份脂肪	5个绿橄榄+8个卡拉马塔橄榄+油和醋酱
	2杯水

续表

食物组配量	菜单
正餐或零食	
1份牛奶	1杯（240毫升）脱脂牛奶
3份极精益蛋白质	1勺（20克）乳清分离蛋白
1份水果	半杯（90克）冷冻浆果
正餐	
	意式肉丸意粉：
5份精益蛋白质	5盎司（150克）肉丸
7份蔬菜	炒2杯（328克）切碎的意大利南瓜+1/4杯（41克）蘑菇+半杯（81克） 西葫芦+大蒜+橄榄油+半杯（120毫升）泡在液体或酱汁中的灌装、切碎的有机番茄 大沙拉：2杯（60~200克）混合蔬菜+6片萝卜+1汤匙切碎的新鲜欧芹+1个切片的小番茄
2份脂肪	磨碎的帕马干酪（可选）、特级初榨橄榄油和醋汁
	2杯水

低脂饮食

你对这种饮食方式感兴趣的原因可能有两个。一些研究表明，含有10%脂肪的饮食可能有助于逆转某些类型的冠心病。其他研究表明，与低碳水化合物饮食相比，显然有一些人更能坚持低脂饮食。因此，如果你想找出可以从哪里去除一些额外的热量，你可能已经知道减少脂肪还是减少碳水化合物会让你感觉更好。首先，遵从你的直觉。

这种饮食的标志

- 每天摄入10%的脂肪。

食物组配量	菜单
正餐或零食	
1份牛奶	1杯（230克）原味酸奶
1份水果	3/4杯（109克）蓝莓
锻炼	
	喝水
正餐	
1份面包/淀粉	1片（1盎司）全麦面包
1份牛奶	1杯（240毫升）无脂牛奶
1份水果	半杯（120毫升）橙汁
1份中脂蛋白质	1个全蛋，在不粘锅里煎炒
5份极精益蛋白质	4个蛋清，以全蛋形式煮熟，21克乳清分离蛋白，与牛奶、橙汁和3或4个冰块混合
正餐或零食	
1份蔬菜	1杯（124克）芹菜梗
2份精益蛋白质+1份面包/淀粉	1杯（180克）毛豆（带壳）或2份（约2/3袋）豆片
正餐	
4份面包/淀粉	6英寸赛百味火鸡胸三明治
2份蔬菜	装入各种蔬菜
4份极精益蛋白质	4盎司（120克）火鸡肉（需要额外的火鸡来凑够4盎司）
自由安排（无热量）	法式芥末酱（不含蛋黄酱或油）
正餐或零食	
1份水果	4个杏脯
1份牛奶	1份脱脂拿铁咖啡
正餐	
2份面包/淀粉	1个烤红薯
3份蔬菜	半杯（90克）蒸芦笋 4杯（112克）拌以香醋的混合蔬菜沙拉
8份精益蛋白质	8盎司（240克）烤野生鲑鱼

间歇性禁食

间歇性禁食基本上就是定期在指定的时间段内不吃东西或者至少少吃东西。如果你能24小时不进食，那你就不需要饮食计划指南了。但是，16/8方法将每天的用餐时间限制在约8小时内，其余时间禁食。禁食时间和用餐时间有一定的回旋余地，一些人采用14/10、15/9、18/6禁食方法或其他某种变化形式。这基本上相当于跳过一顿饭（通常是早餐或晚餐）。晚餐后睡8小时，可以使禁食变得轻松一些。本指南采用地中海饮食，并将其纳入14/10计划。你可能会发现，在分配的用餐时间内减少用餐次数和零食数量的效果更好。只需将食物组合到更少的用餐次数中，该计划对你同样有效。在前一天下午5:30前吃晚餐，早上7:30吃早餐。

这种饮食的标志

- 定期在指定的时间段内不吃东西或者至少少吃东西。

食物组配量	菜单
上午7:30用餐或吃零食	
2份面包/淀粉	1杯（30克）全谷物
1份水果	半杯（90克）新鲜水果
1份牛奶	1杯（240毫升）牛奶
1份中脂蛋白质	1个鸡蛋
1份脂肪	1汤匙（9克）南瓜子（或其他）谷物种子
上午10:00吃零食	
1份水果	半杯（90克）菠萝
1份牛奶+2份蛋白质	1杯（230克）原味希腊酸奶
1份脂肪	1汤匙（9克）杏仁
下午12:30用餐	
2份面包/淀粉+2份蛋白质	1杯（200克）煮熟的豆类/豆子
2份蔬菜	混合蔬菜沙拉配草药
3份极精益蛋白质	90克（3盎司）鸡肉
1份脂肪	1茶匙（5克）橄榄油和醋，或1汤匙（15克）油和醋酱
下午3:00吃零食	
1份水果	苹果
2份蔬菜	1杯（240毫升）蔬菜汁
2份极精益蛋白质+2份脂肪	2盎司（60克）奶酪
下午5:00用餐	
2份面包	1杯（200克）煮熟的法罗，包含蔬菜和药草
1份水果	葡萄
2份蔬菜	煮熟的西蓝花撒上香醋
5份精益蛋白质	150克（5盎司）烤野生鲑鱼
2份脂肪	8颗卡拉玛塔橄榄+烧鲑鱼用的特级初榨橄榄油

了解你的分量

"一份"是用来确定每组食物的份数和食物数量的单位，它是一份食物的物理测量值。但是，构成一份的食物量通常并不像你所想的那样。例如，一份煮熟的意大利面只是半杯（70克）。如果你在晚餐时吃意大利面，可能会吃至少1杯（140克），但由于一份是半杯，所以一杯意大利面等于两份面包和淀粉。计算宏量营养素时，了解各份的分量是成功的基础（参见表14.1至表14.6）。

表14.1　牛奶和酸奶组
每份包含90~110千卡的热量，8克蛋白质和12克碳水化合物。

食物	一份的大小
脱脂或低脂牛奶	1杯（240毫升）
浓缩脱脂牛奶	1杯（240毫升）
脱脂奶粉	1/3杯（22克）
原味脱脂酸奶	1杯（230克）
原味脱脂希腊酸奶	6盎司（173克）
脱脂或低脂豆奶或米奶，辅以钙、维生素A和D	1杯（240毫升）

经许可转载自：S.M. Kleiner with M. Greenwood-Robinson, *The New Power Eating* (Champaign, IL: Human Kinetics, 2019), 271.

表14.2　蔬菜组
每份包含约25千卡的热量，2克蛋白质和5克碳水化合物。

食物	一份的大小
主要为煮熟的蔬菜	半杯（81克）
主要为生蔬菜	1杯（30~100克）
生菜	2杯（56克）
豆芽	1杯（30克）
蔬菜汁	6盎司（180毫升）
蔬菜汤	1杯（240毫升）
番茄酱	半杯（120毫升）
洋葱番茄辣酱（无油）	3汤匙（45克）

经许可转载自：S.M. Kleiner with M. Greenwood-Robinson, *The New Power Eating* (Champaign, IL: Human Kinetics, 2019), 272.

表14.3　水果组

每份包含约60千卡的热量和15克碳水化合物。

食物	一份的大小	食物	一份的大小
大多数完整水果	1中份	杏子	4中份
大多数水果，切碎或罐装的果汁	半杯（120克）	整颗草莓	1.25杯（180克）
甜瓜粒	1杯（156克）	奇异果	1中份
浆果、樱桃或葡萄（整个）	3/4杯（80克）	梅干	3中份
果汁	半杯（120毫升）	无花果	2中份
香蕉	1小份	葡萄干	2汤匙（28克）
西柚或芒果	半杯	果汁：蔓越莓、葡萄或水果混合汁（100%果汁）	1/3杯（80毫升）
李子	2中份	蔓越莓汁鸡尾酒（降低热量）	1杯（240毫升）

经许可转载自：S.M. Kleiner with M. Greenwood-Robinson, *The New Power Eating* (Champaign, IL: Human Kinetics, 2019), 272.

表14.4　面包和淀粉组

每份包含60~100千卡的热量，2~3克蛋白质和15克碳水化合物，不超过1克脂肪。

食物	一份的大小	食物	一份的大小
面包	1片（1盎司）	年糕	2
皮塔饼	1小份（1盎司）	煮熟的谷物	半杯（119克）
百吉饼、英式松饼或面包	半小份（1盎司）	冷食谷物，不加糖	半杯至1杯（15~30克）
小圆面包	1小份	格兰诺拉麦片	半杯（30克）
米饭或意大利面	半杯（97克）	玉米、豌豆或土豆泥	半杯（105克）
玉米饼	6英寸圆形（15厘米）	玉米棒	1中份
大饼干	2大份或3或4小份	带皮的烤白薯或红薯	1小份
油炸面包块	1/3杯（13克）	大蕉，切片并煮熟	1/3杯（39克）
椒盐脆饼或烤薯条	1盎司（30克）		

经许可转载自：S.M. Kleiner with M. Greenwood-Robinson, *The New Power Eating* (Champaign, IL: Human Kinetics, 2019), 273.

表14.5 蛋白质组

每份蛋白质包含35~75千卡的热量和7克蛋白质。极精益,包含35千卡热量和0~1克脂肪;精益,包含55千卡热量和3克脂肪;中脂,包含75千卡热量和5克脂肪;以及高脂,包含100千卡热量和8克脂肪。

食物	一份的大小
极精益	
去皮的家禽白肉	1盎司（30克）
白鱼	1盎司（30克）
淡水或罐装金枪鱼	1盎司（30克）
所有贝类	1盎司（30克）
豆类、豌豆或小扁豆*	半杯（100克）
奶酪和含1克脂肪的加工三明治肉	1盎司（30克）
鸡蛋的蛋白	2个
精益	
零脂肪的精选级瘦牛肉、猪肉、羊肉	1盎司（30克）
带皮的家禽白肉	1盎司（30克）
泡在油中的牡蛎、鲑鱼、鲶鱼、沙丁鱼或金枪鱼罐头	1盎司（30克）
含3克脂肪的奶酪和熟食三明治肉	1盎司（30克）
帕尔马干酪	1盎司（30克）
中脂	
大多数剔除脂肪的牛肉、猪肉、羊肉	1盎司（30克）
火鸡肉或鸡肉	1盎司（30克）
含5克脂肪的奶酪	1盎司（30克）
脂肪含量为4.5%的松软干酪	1/4杯（56克）
全蛋	1大份
印尼豆豉	4盎司或半杯（120克）
豆腐	4盎司或半杯（120克）
高脂蔬菜	
所有普通奶酪:美式、瑞士、切达干酪	1盎司（30克）
天然花生酱	1汤匙（16克）

*一份包含一份极精益蛋白质和一份淀粉。

经许可转载自: S.M. Kleiner with M. Greenwood-Robinson, *The New Power Eating* (Champaign, IL: Human Kinetics, 2019), 273-274.

表14.6 油脂组

每份包含45千卡的热量和5克脂肪。

食物	一份的大小
黄油或人造黄油	1茶匙（5克）
奶酪、奶油或酸奶油	1汤匙（15克）
奶酪、生奶油或酸奶油（低脂）	2汤匙（30克）
沙拉酱（全脂）	1汤匙（15克）
沙拉酱（低脂或脱脂）	1汤匙（15克）
牛油果	1/8中份（2汤匙，30克）
黑橄榄	8大份
坚果	6~10颗
种子	1汤匙（9克）
花生酱或其他坚果酱	半汤匙（8克）

经许可转载自：S.M. Kleiner with M. Greenwood-Robinson, *The New Power Eating* (Champaign, IL: Human Kinetics, 2019), 274.

下面讲讲实际中的实施方法。假设你想要一种饮食，它含有2000千卡热量，碳水化合物、蛋白质、脂肪的比例为4：3：3。这是指每天的总热量中宏量营养素所占的比例。但是你最终需要确定宏量营养素的克重，这样才能弄清楚你的饮食计划。从热量开始，然后倒推宏量营养素的克数。

1克碳水化合物=4千卡

1克蛋白质=4千卡

1克脂肪=9千卡

1. 确定每日的总热量。

2. 确定每种宏量营养素所含热量的总比例。

3. 将每日宏量营养素的热量除以每克的热量数。

4. 现在你就有了每天要吃的每种宏量营养素的克数。

计算完2000千卡的饮食后，你会发现，膳食计划的目标是摄入200克碳水化合物、150克蛋白质和67克脂肪。创建一个电子表格，记下实现这些目标的食物组的分布。尽管仅使用两三种食物组就可以轻松实现目标，但这并不是最健康的策略。将你的宏量营养素和热量分布到所有食物组，才能获得最大的营养优势。例如，虽然可以剔除动物性食物而变成纯素食，但仍应食用富含蛋白质的食物组中的植物性食物。即使正在设计一个无麸质饮食，也应包括无麸质全谷物。在食用无乳糖乳制品时，以控制乳糖不耐受为目的的无乳糖饮食是最全面的，或者你可以使用乳糖酶替代酶来维持饮食中的乳制品。

如何计算宏量营养素

要学习如何在头脑中计算宏量营养素，最简单的方法是了解基于食物组的宏量营养素分布。经典的食物组（宏量营养素）分布系统最初是由营养师创建的，目的是帮助糖尿病患者控制碳水化合物和食物总量的摄入，全世界已将它用作一种简便的"餐巾纸背面"计算方法来跟踪宏量营养素。

食物组中的食物的宏量营养素含量与标准的分量有关。分量大小只是作为一种创建实用系统的方式。你不需要根据这些数量来提供自己的分量。例如，标准的一份意大利面是半杯，你可能更喜欢吃一杯。可以通过将图表中的面包/淀粉食物组中列出的两份意大利面的宏量营养素含量加倍来确定你的宏量营养素摄入量。

一旦了解了每份食物组中的蛋白质、脂肪和碳水化合物克数，就可以根据所需的分布来计算每个食物组的宏量营养素，从而计划你的膳食。请注意，如果仅关注宏量营养素的计算，可能会减少饮食中的食物多样性。

| 多样性对于健康饮食的框架是绝对必不可少的。

从所有食物组中选择食物，除了确保所含的宏量营养素外，还要确保食物中健康因素的多样性，包括微量营养素、植物化学物质、纤维等。表14.7列出了每份食物的营养素和热量。

表14.7 每个食物组中每一份所含的营养素和热量

食物组	碳水化合物（克）	蛋白质（克）	脂肪（克）	热量（千卡）
面包/淀粉	15	3	1或更少	72~81
水果	15	—	—	60
脱脂牛奶	12	8	0~1	80~89
低脂牛奶	12	8	3	107
蔬菜	5	2	—	25
极精益蛋白质	—	7	0~1	35
精益蛋白质	—	7	3	55
中脂蛋白质	—	7	5	75
脂肪	—	—	5	45

经许可转载自：S.M. Kleiner with M. Greenwood-Robinson, *The New Power Eating* (Champaign, IL: Human Kinetics, 2019), 270. 改编自：American Diabetes Association and American Dietetic Association, Exchange Lists for Meal Planning (Alexandria, VA: American Diabetes Association, 1995).

第15章

如何运动

你已找到自己喜欢的饮食计划：它在经济上是可行的；你喜欢这些食物；它不会阻碍社交活动，不会让你感到被剥夺了生活或不会让你讨厌生活；看来你可以切实地坚持下去。那太棒了！但是，当然，这并不是故事的全部。

你必须动起来

如果你真的想持续减重，那么节食非常棒，但是你还应该加上运动。虽然单单节食就可以有效地帮助人们减轻体重，但加上锻炼可以降低内脏脂肪，也就是人体器官（即肝、肠、胃，甚至可能是动脉内）的脂肪，它们是疾病风险和早逝的预测因子[160, 166]。所以，显然，锻炼是减脂和整体健康的极其重要的组成部分。但是什么才是正确的锻炼计划？

你愿意做什么？

坦白说，我不在乎你选择哪种体育锻炼，只要它能使你动起来就可以了。你喜欢跳舞吗？上舞蹈课，上尊巴舞课，或者在客厅里跳30分钟时髦的舞蹈。你喜欢弹跳吗？参加蹦床或袋鼠跳课。你喜欢马戏团的东西吗？学习如何制作戒指、丝绸或其他空中艺术品。你是怀旧派吗？拿出简·方达（Jane Fonda）或理查德·西蒙斯（Richard Simmons）的录音带，开始动起来吧。感觉想击打某个东西吗？参加拳击、跆拳道或武术课；或者用大锤敲一下大轮胎。喜欢水吗？去游泳、划独木舟、划皮艇、冲浪、浮潜或潜水。喜欢户外活动吗？去散步、远足、跑步、抱石，与孩子一起玩耍或与宠物狗一起玩耍。更喜欢室内活动？玩《热舞革命》（Dance Dance Revolution），蹬固定自行车或椭圆机，或者在卧室里做弓步和俯卧撑。任何能让你动起来的运动都比整天呆在沙发上要好得多，至少能燃烧一些热量。另外，如果你喜欢你的体育运动，就更有可能坚持下去。

也就是说，肯定有一些方法可以比其他方法能更有效地减少脂肪。

高强度还是中强度?

如今，关于高强度间歇训练（HIIT）的炒作很多，而且它确实很有说服力。顾名思义，高强度间歇训练就是进行极高强度的爆发性运动（约占最大能力的90%），然后是更短时间的休息。它可以通过力量训练和心血管锻炼来完成，例如，你可能短跑40秒，然后休息20秒，然后做俯卧撑40秒，然后休息20秒等。另一方面，中强度的连续训练则以更适中的速度进行，并且没有休息时间。所以，你可以以最大能力的60%骑自行车30分钟（以及短暂的热身和放松），或者可以连续30分钟进行更多中等强度的力量锻炼。

到目前为止，已经做过的关于高强度训练和中强度连续训练的研究表明，两者在减少脂肪和缩小腰围方面都很有效，而且实际上，这两种方法在减脂比例上似乎不相上下[161-162]。话虽如此，HIIT似乎对绝对脂肪的减少（即总减脂克数）有更好的效果[162]，所以请记住这一点。

如果你刚开始锻炼，最好还是采取中等强度路线。如果你还未准备好进行HIIT，你可能无法以足够高的强度来获得该锻炼的好处，而且它可能涉及到你可能无法正确执行的更高技能水平的动作。这意味着你会感到沮丧，可能会受伤或感到失败。这一切都会让人不愉快，而且你很有可能会放弃。如果你不做运动，就没有任何好处，所以不要选择会让你放弃的路线。中强度训练对你来说是个不错的选择。

> 现在做适合你的运动，当你需要更多时，添加更多运动。

再说一次，HIIT并不需要花费很多时间来完成，很多人可能会发现这方面很有吸引力。还有很大一部分人需要在锻炼后挥汗如雨和气喘吁吁，才会感觉好像已经完成了某件事，对于这些人，HIIT可以带来内心的平静。有些人喜欢高强度的运动，如果这说的是你，那么HIIT可能是你的理想选择。对于健康人来说，HIIT似乎比适度的训练对心血管健康更有益处；对于肥胖人群来说，HIIT对降低血压和空腹血糖水平也更有效[161-162]。考虑到这些益处，尝试逐步过渡到HIIT可能是值得的。但是，如果你无法长期坚持这么做，那么做自己愿意做的事情总比什么都不做要好。

值得注意的是，HIIT或中强度训练没有固定的方法，因此很难说哪种方法绝对是最佳的方法。我目前能提供的最好建议是，在没有痛苦的情况下做你力所能及的事情，不要把自己逼得太紧以至于放弃训练。现在做适合你的运动，当你需要更多时，添加更多运动。

力量训练与有氧运动

在耐力训练和抗阻训练的阵营之间，一直存在着一场关于谁在减脂方面拥有最佳优势的争论。谁是对的？答案当然是"视具体情况而定"。

我非常想说，力量训练在减脂方面胜过有氧运动。我个人是一名力量运动员，而且我知道，自从我开始进行力量举重和强人训练以来，我的体格获得了极大改善。我喜欢举重。但遗憾的是，科学研究并没有印证我的观点。在减少体脂方面，有氧运动似乎更胜一筹[163-165]。此外，在消除内脏脂肪方面，有氧运动似乎也胜过举重训练[165]。正如我之前提到的，内脏脂肪是非常危险的东西——它可能是2型糖尿病、各种癌症、心血管疾病等的主要预测因子[166]，而有氧运动似乎是清除其中一些物质的关键[165]。更重要的是，在有氧运动中增加举重训练似乎并不比单独的有氧运动更能提高减脂效果[163-165]。

话虽如此，也不要立即取消举重训练。让我们谈谈瘦体重。基本来讲，瘦体重就是你体内所有不是脂肪的东西，包括器官、水等。基于我们这节的主题，我们将讨论瘦体重的肌肉部分，也还因为我不确定进行过多的锻炼是否会

增加器官的重量。抗阻训练所增加的瘦体重比有氧训练多得多[163-167]。当人们处于热量缺乏状态时，一些肌肉通常会与脂肪一起流失。抗阻训练有助于保持肌肉质量，而有氧运动在这方面并不是特别有用。抗阻训练也比有氧运动更有助于增加骨密度和肌肉力量[167]。瘦体重、体力和骨骼强度对于健康、独立和长寿至关重要，因此请不要低估这部分的重要性。

由于肌肉比脂肪更稠密，因此你可能会发现，增加了一定的肌肉后，体重超出了你的想象。虽然这可能让你感到沮丧，但要多关注镜子里的自己，而不是体重秤上的数字，因为你可能会喜欢你在增加瘦体重时看到的自己。

综上所述，有氧运动似乎在减脂方面效果更好，而力量训练对增加瘦体重则更胜一筹。这二者是可以兼得的。

空腹训练：要还是不要？

与流行的观点相反，你不必空腹训练来进一步增加训练中减少的脂肪——没有科学证据支持空腹训练比非空腹训练更能减少脂肪[209]。大多数人在没有良好的能量来源的情况下也不会表现得很好，所以很有可能你无法进行高强度的锻炼。最好在锻炼前一两小时吃点东西。

如果在训练前吃东西会让你在训练时感到恶心，可能需要考虑吃一些对你的胃更友好的东西。尝试各种蛋白质和碳水化合物的来源和比例，看看哪种最适合你。如果仍然感到恶心，则可能需要在进食和训练之间间隔更长的时间。

如果你喜欢不吃东西进行训练，那我给你更多的力量——请坚持做对你有用的事。只要知道，它不是让你成为燃烧脂肪的机器。

没有时间锻炼

如果你没有45分钟的时间来训练（或者没有耐心一次完成所有锻炼），请不要太担心。通过将相同量的运动时间和强度分成全天的几次较小的运动，可以获得类似的结果[183]。举个例子，你可以在起床到睡觉之间，或者任何符合你的时间表的时间，进行4次10分钟的出汗训练和1次5分钟的训练。

我想给客户的一个小技巧是挑战每天重复200次。到一天结束时，他们需要完成200次涉及大型肌肉群的某种体育运动（例如某种下蹲或弓步、某种推动动作、某种拉动动作、硬拉或壶铃摇摆等髋关节铰链运动）。举个例子，一个客户可以在早晨做10个俯卧撑，10个仰卧起坐和10个深蹲。在离家之前，客户可以每条腿做10个弓步（即20步！），以及另外10个俯卧撑。午休期间，客户可以每条腿做10次侧弓步，下蹲20次，肱三头肌下沉10次。到午餐时已经重复了110次！这是为了给客户一个目标，让他们意识到要把体育活动作为一天中可以管理的一部分。你也可以尝试一次45分钟的挑战（即在一天结束前进行完整的45分钟有氧运动）或类似运动。无论选择哪种方法，你都绝对可以在计划内完成体育锻炼；你只需要在一天中找到几分钟的零星时间就能完成目标。

第3部分

但是其他的因素呢? 听起来很简单,不是吗? 吃的东西要比消耗的少,身体要动起来。差不多就是这样了,不是吗? 好吧,不是这样,甚至相差很远。老实说,如果真的那么简单,那就没有人会再卖减肥书了,肥胖症流行也将成为过去。事实是,减脂是非常复杂的。生物学、遗传和心理因素都会使事情变得更加复杂。当谈到减脂时,每个人都有自己的珠穆朗玛峰要爬。

我想在这一章介绍尽可能多的方面,所以我求助了专家——我的社交媒体粉丝——询问了他们减脂的障碍是什么。我获得了很多答案。8小时后,这个帖子已经有了90条评论,而且还在不断增加。许多回复者的答案相似,并且有些回复者的答案独特。在接下来的内容中,我将尝试解决回复这个帖子中提出的所有障碍,以及我每天在自己的客户中看到的障碍。希望到最后,你会对如何解决这些障碍有更好的想法,或者至少能更好地理解它们为什么会阻碍你。

第16章

生物学与减脂

有时候，我们的身体不会按照我们的意愿发生变化，即使看起来我们做的一切都是正确的。这令人沮丧，也让人抓狂，但并不是一切都完了。在这一章，我们将讨论导致减脂（或缺乏脂肪）的某些生物学成分，以及我们如何才能使身体回到正确的方向。

"我的妈妈很胖。我的爸爸很胖。所以我很胖。"

这是事实——很多人减重都很困难，更别说保持了。但是，为什么某些人比其他人更困难呢？好吧，生物学可能起了一定的作用。

有大量证据表明，一部分肥胖症可以遗传。根据来源不同，这种遗传性可能占一个人肥胖因素的30%~70%[168-170]。其中一个因素可能会导致所谓的解偶联蛋白出现问题。这些蛋白质存在于细胞的线粒体中，参与了生热作用（即热量燃烧）[169]。当解偶联蛋白无法正常工作时，可能会阻碍人体有效燃烧热量，这显然会给减脂造成问题。

导致肥胖的另一个可能的遗传问题是调节食欲、激素或人体燃烧热量的能力的几个基因中的任何一个发生突变[168-170]。具体来讲，调节瘦蛋白的基因出现问题，可能导致体重增加和食欲控制方面的重大问题。瘦蛋白是人体脂肪细胞产生的一种激素，它可以告诉大脑是否需要进食。当瘦蛋白无法正常工作时，或者由于某种原因大脑没有从瘦蛋白收到信号时，身体就会认为你需要食物，食欲就会增加。影响瘦蛋白的遗传因素似乎会导致严重的体重增加[168-170]。

还有其他一些基因会影响脂肪调节。一种叫作FTO的基因似乎与饱腹感有关，因此当该基因存在缺陷时，它就会影响饥饿水平，进而影响人们的食量[171-172]。还有其他多种基因可以单独或与FTO一起发挥作用，破坏人体的食物摄入调节能力，这些基因都可能导致体重增加[168-172]。

近绝经期和更年期：“我以前很容易减肥”

更年期和激素问题是我关于减肥障碍的社交媒体上的一个热门话题。衰老、激素和脂肪增加之间似乎确实存在联系。在全球范围内，女性患重度肥胖的概率总体高于男性[173]。伴随更年期而来的雌性激素丧失和其他女性生殖系统疾病似乎会导致脂肪增加和肌肉减少。因此，虽然体重可能没有变，但身体组成肯定会改变。雌性激素水平的上升会抑制月经周期内的食欲，在周期中雌性激素水平较高的阶段会降低你对甜食的渴望[173]，所以毫无疑问，雌性激素的缺乏会增加食欲和对食物的渴望。

还记得我们之前谈到的内脏脂肪吗？更年期后，内脏脂肪占身体总脂肪的比例会从5%~8%上升到15%~20%[174]。这可能是由于激素或衰老造成的，也可能是两者的共同作用。大多数资料似乎认为整体体形与年龄有关，而脂肪分布与激素有关，但这一观点尚未得到证实[174]。还有一些证据表明，患有医学性绝经的妇女（例如由于子宫切除术）比自然绝经的妇女罹患严重肥胖症的风险更高[174]。

雄性激素（“男性”激素，我们体内都有一些男性和女性激素）增加，则性激素结合球蛋白就会减少，这种蛋白也是一种激素，能结合某些类型的睾丸激素和雌性激素，以及其他激素。当女性的雄性激素水平较高时，可能导致体重增加[174]。也就是说，雄性激素水平较高，而结合它们的激素水平较低，可能是体重增加的一个原因。

一般来说，衰老也会影响体重，因为体力活动——无论是数量还是强度——似乎都会随着年龄的增长而减少[174-175]。这意味着燃烧的热量更少，并且没有什么能减轻衰老带来的肌肉质量损失。在本书的前面部分，我们已经看到了有氧运动对内脏脂肪的影响，而且正如我们现在所发现的，更年期后的内脏脂肪似乎是一个更大的麻烦。总之，缺乏体育锻炼是一个大问题。

　　衰老和更年期的激素波动也会干扰睡眠。夜间盗汗、情绪波动、不宁腿综合征、夜间经常醒来、醒得太早以及睡眠呼吸暂停都可能在更年期和近绝经期发生[175-176]。由于缺乏睡眠，身体无法自我修复，食欲和对食物的渴望增加，体育活动趋于减少，体脂就会增加[175, 177]。

　　好消息是，对于正经历更年期的人，甚至有肥胖遗传倾向的人来说，还是有办法的。更年期体重增加和其他症状可以通过更年期激素疗法（MHT）进行治疗。更年期雌性激素疗法实际上有很多好处，包括降低心脏病发作风险，降低死亡风险，改善骨骼强度，改善更年期带来的许多问题（性健康、情绪等），改善总体生活质量等[175, 178]。不过，激素疗法也可能会带来一些风险：患乳腺癌和中风的风险可能会略微增加，经皮肤的MHT可能会减轻其中一些风险。但是，当前全球对使用MHT的共识是收益大于风险[178]。这值得和你的医生讨论一下。

　　也就是说，人们发现体育活动有助于控制更年期（或与年龄相关的）[174-175]和与遗传相关的[179-180]脂肪增加。增加肌肉和增加热量燃烧对控制脂肪很有帮助，即使这种方式对你来说可行性很小。所以，不要因为你觉得自己"太老了"就认输。当你的精力很差，感觉一切都对你不利的时候，加入运动的潮流似乎令人望而生畏，但很可能是对你有利的。

> 即使有生物学因素在起作用，减重仍然需要消耗的热量比摄入的更多。

　　运动的强度、持续时间和频率均会影响成功，因此请确保能保持一致，经常运动并挑战自己。目前对肥胖者（超重约30磅或更多）的建议是每周运动200~300分钟，或者每天运动30~45分钟；一些报告建议每天运动60~90分钟[181-182]。更高强度的训练计划可以减少达到相同效果所需的时间[182]。

毫无疑问，你仍然需要控制热量的摄入。即使有生物学因素在起作用，减重仍然需要消耗的热量比摄入的更多。注意，随着年龄的增长，体育锻炼变得越来越重要。

归根结底，就像饮食计划一样，最好的运动是你愿意去做的运动。所以，找一种你至少可以忍受（即使不是很享受）的身体发泄方式，并且定期进行。你的身体会为此感谢你的。

"有时感觉我的身体在240~260磅时很开心。"

科学界有一些理论认为人体希望保持一定的体重，最著名的是设定点理论（set point theory）。该理论认为，身体可以感知到它需要处于的特定体重范围，因此它发出信号，进食和燃烧热量以保持在这个范围内。另一种理论是稳定点理论（settling point theory），即人体根据其所处的环境而稳定在某个体重上。如果一个人所处的地方的食物好吃又丰富，而且没有太多的运动需求，身体就会稳定在较高的体重上；如果这个人处在食物匮乏的地方，或者经常执行非常大量的体力活动，身体就会稳定在较低的体重上。稳定点将根据人所处的环境要求而改变。

这些不是唯一的身体内部调节体重的理论，但它们是最著名的。而事实上，任何一种理论都没有达成共识，也没有真凭实据。有证据支持这两种理论（以及其他一些理论），但也有许多证据反对这些理论。归根结底，没有人确切地知道身体是否能够调节体重[186-187]。

我们所知道的是，如果存在一个设定点、稳定点或其他某个点，那么这个点会根据一致的食物摄入量和能量消耗（即运动）而变化。如果你发现自己处于减重平台期，可以使用以下几种策略来打破它：

● 增加蛋白质。正如我们在本书前面所讨论的，蛋白质具有一定的热效应，而且可以让饱腹感持续更长的时间。在饮食中加入更多蛋白质，可能有助于燃烧热量多一点，摄入热量少一点。它也可以在锻炼中为你的肌肉提供能量，你可能也需要这样做。

● 更多地运动。或者至少更剧烈地运动。你的身体可能已经适应目前的训练速度，所以你可能需要运动得更快，在山上而不是平地上跑或行走，举起更重的重量，或者增加体力活动的时间。如果没有进行举重训练，可以添加一些力量训练。如果没有进行有氧运动，可以添加一些让心脏剧烈跳动的运动。你也可以开始增强所谓的非运动性活动生热（NEAT）。NEAT确实可以增加一天燃烧的热量[188]，因此你可以站着而不是坐着，爬自动扶梯（或楼梯）而不是乘坐自动扶梯或电梯，把车停在与往常相比离目的地更远的地方，带着包逛市场，甚至在座位上坐立不安。动得越多越好。

● 多吃纤维。多吃纤维的一种简单方法是增加非淀粉素食的摄入。蔬菜不仅富含纤维，而且热量低，营养丰富，因此你可以多吃蔬菜，这也不会有超过每日热量需求的风险。纤维通常可以帮助保持饱腹感（因此你可能吃得更少），而且还有很多其他健康功效[189]。

● 多喝水。有时当你口渴时，身体会发出饥饿的信号，所以一定要喝足够的水来保持水分。水也会在胃中占据空间，减少食物储存空间，因此它可以防止你摄取更多的热量。

● 控制睡眠。如果睡眠不足，新陈代谢会下降，睡眠不足是体重增加的一个因素[190]。虽然每个人对睡眠的总体需求各不相同，但大多数人每晚需要7~8小时的高质量睡眠。我们将在本书后面讨论更多关于睡眠健康的内容，但如果你尝试了所有方法仍然未弄清楚为什么睡不好，可能需要去看专业医生，弄清楚到底是怎么回事。开始行动吧……

● 降低压力水平。高压力水平不仅会干扰睡眠和运动，还会引发不良的饮食习惯和行为（稍后会详细介绍）[191]。有几种解决压力的方法（我们将在本书的后面部分介绍一些）。找到适合你的方法，并始终如一地坚持下去。压力影响着我们所有人，使其处于受控状态非常重要。

● 记录食物。你可能吃得比你认为的更多（或少）。记录一周摄入的食物可以让你更清楚地了解进入你体内的东西，以便发现你没有意识到的问题。

如果一切似乎都很顺利，而你的体脂仍然没有变化，你可能需要去看医生，做一些检测，以确保你的激素或其他方面没有问题。甲状腺和其他激素的问题可能会阻碍减重，正确的药物或医疗计划通常可以使情况重新恢复正常。

第 17 章

心理学与减脂

　　我攻读并且获得了健康心理学硕士学位（专攻食物心理学），因为我一直知道人类与食物有着不可思议的精神和情感联系。这种关系并不总是健康的，也并不总是合理的。食物是联谊会，食物是爱，食物是安慰，当我们没有答案时，食物是我们渴望的答案。有时我们需要伴侣的劝告，因为我们与食物的关系可能会有些失调。

　　我有一个客户有严重的糖尿病症状，她的身体很虚弱，也很痛苦。她在绝望中向我寻求帮助，但一提到要改变她饮食中哪怕是最微小的方面，她就感到非常痛苦，甚至哭了起来。这并不罕见。食物能带给人安全感，许多人不愿意放手，即使它伤害了他们。在这一章，我将讨论一些与饮食有关的心理和情感问题，希望能提供一些有用的策略，让你在感觉一切都对你不利的时候重回正轨。

> "弄清楚如何克服对糖的渴望……它们阻止了我到达最终目的。我可以通过锻炼达到想要的效果，但对糖的渴望让我无法保持下去。"

战胜渴望

　　坦白说，我是一个对糖上瘾的人。除此之外，我这辈子从没有对什么上瘾，我从不抽烟，甚至从未喝醉过。但一提到糖，我就失控了。我会拿勺子从袋子里舀糖出来吃。如果家里没有甜食吃，我会给自己倒一杯枫糖浆。当我在一家美国公司工作（也许你不信，在另一段人生中，我是一名电脑顾问）时，我会离开办公室，前往街上的散装糖果店，购买2磅除了我之外没人喜欢的口味的软糖（黑色的甘草糖和肉桂皮……），最终在30分钟内吃光整袋糖。对我来说，没有什么比糖更好吃，没有大量的含糖食物，我就无法度过这一天。

糖是否会上瘾是营养界争论的热点。在许多科学研究中，关于糖上瘾的证据并不太令人信服[183]。然而，另一些人则认为，大脑对糖的反应和围绕糖的行为之间的重叠表明糖具有令人上瘾的特性[184]。在这方面还尚未达成共识。

就我自己的经历而言，我可以说这是最让我上瘾的一种东西（记住，我从未真正对任何其他事物上瘾过）。对我来说，这是一种冲动，戒掉这个习惯是非常困难的。无论糖上瘾理论是否成立，我所知道的是，它是许多人都在与之搏斗的一个怪物。关于戒掉吃糖的习惯的最佳方法，并没有多少科学依据。我可以告诉你在这种情况下对我有用的方法，希望对你也有所帮助。

我意识到我对糖的需求在某种程度上控制着我的生活，而我一点也不喜欢那种感觉。我已经受够了，所以我最终决定要做点什么。过去，我曾试图戒掉吃糖的习惯，但事实是我还没有准备好真正戒掉。除非你真正准备好让改变发生，否则改变不会发生。但我终于准备好了，可以接受随之而来的不适，那种每当我尝试从生活中永远赶走我非常喜欢的东西时，就会出现的不舒服的感觉。

我意识到的第一件事是，我需要丢掉家里的各种各样的糖。我知道，如果它们在附近，我就会吃掉它们，所以我不得不丢掉它们。我丢掉了几袋糖（这很讨厌，因为我喜欢烘焙）、几瓶糖浆，以及其他我碰巧拥有的含糖食品。

我决定尝试做的下一件事是用干果代替糖。在我看来，我不能吃太多干果，因为如果吃太多干果就会胃痛。遗憾的是，我对胃痛产生了免疫力，还产生了某种奇怪的超能力，能一次吃掉大量的干果。很明显，干果不是我的救命稻草，所以我只好放弃了。

我最终决定允许自己每天吃3~4份新鲜水果。除此之外，我也不允许自己吃任何添加糖或含糖食品。我知道我不能吃一点糖，否则它就会变成很多糖，然后恶性循环又开始了。在最初的几天里，非常艰难。为了不让自己出去买糖，我不得不坐着不动，而且我喝了一两天温和版的奶昔。我没有撒谎，这太悲惨了。

但是几周过后，发生了有趣的事——我不再非常渴望吃糖了。我没有感觉饭后需要来点儿甜点，也没有吵着要糖果。我对当天的新鲜水果感到非常满意，也没有整天想着软糖。我没有宣布自己已经戒掉了吃糖的欲望，但有一个明显的大变化正在发生。

大约4个月后，我决定允许自己在一家餐厅吃点儿甜点。通常，我不仅想要自己的甜点，其他人的甜点我也想要。但是现在我发现我的甜点不仅没有看起来那么好吃，而且对我来说真的太甜了。真是令人震惊，我以前从未经历过对我来说太甜的东西。我以前可以用勺子吃罐头外的糖霜——现在它让我的牙齿发痒，真是太甜了。我不再像以前那样喜欢甜点了，一天只吃一两口也没事。这是巨大的胜利。

那是在2010年。10年后，我仍然能够很好地控制糖的摄入。我可以吃点儿甜点，并对此非常满足，而软糖已成为过去。我唯一真正的克星是在寒假期间做巧克力脆米饭的时候——如果不小心的话，我可能会吃掉一整锅。但在大多数情况下，戒掉吃糖的习惯对我来说是一个重大的胜利。

也就是说，有些人再也不能让甜点成为他们生活的一部分了——每个人都是不一样的。不过，我绝对推荐的是，完全戒掉糖，直到你的渴望完全消失，然后自己决定你是否能够再次尝试吃少量糖，并且不会导致吃得过多。如果你最终恢复了以前的习惯，则可能需要重复此过程才能打破循环，并让含糖零食成为遥远的记忆。

我认为，你的渴望可能永远不会完全消失，因此这最终可能会变成一种意志力的持续状态；每个人的身体都不一样。但是，根据我的经验，大多数这么做的人都取得了成功，我还没有遇到过从未失去这种渴望的人。

"坚持下去：我可以运动和节食3个月，但是之后开始崩溃了。我最终又吃了糖果，而且没有按照我需要的方式控制分量。我有一个星期没有锻炼了，因为我感觉不太好，或者身体感觉不太好……"

"不要因为小挫折而自暴自弃。"

"沮丧。生活中的障碍。情绪化进食。分量控制。无意之中的破坏者。孤注一掷（如果你泄气了）的心态。我还可以继续下去。"

"周末会与家人和朋友一起喝酒、吃让人发胖的食物。当我决定减肥时，我得远离所有人！"

"这是一个有趣的想法：你值得拥有你想要的，因为这是你应得的！来点红酒和奥利奥！"

情绪化进食

到目前为止，关于情绪化进食和自我伤害的问题是我在社交媒体上提出的话题中收获最常见的评论。情绪化进食是我们时常会遇到的问题，有时很难理解，因为它不是理性的。

情绪化进食的一个基本定义是，由压力、抑郁、无聊、恐慌、焦虑、社交场合，甚至喜悦和庆祝等情绪引发的自发的、非饥饿的进食。情绪化进食常被比作暴饮暴食，但两者之间是有区别的，区别的本质在食用的食物数量上。情绪化进食类似于分手后吃500~600毫升的冰淇淋，而暴饮暴食指的是快速进食大量食物，最终导致明显饱腹。暴饮暴食可能包括把食物藏起来，或者是独处时暴食[192]。虽然情绪化进食和暴饮暴食不是一回事，但它们可能是相互交织的——情绪化进食可能导致暴饮暴食，也可能是已存在的暴饮暴食障碍的一部分。

情绪化进食的原因

情绪化进食会让你立刻感觉很好是有原因的——进食会迫使身体放松，至少暂时如此。当你心烦意乱时，你的身体的消化不是很好，所以你的副交感神经系统开始发挥作用，导致一种"休息和消化"的状态，因此你在吃东西的时候通常会平静一些[193]。对于某些人来说，吃很多很好吃但又不那么健康的食物（蛋糕、糖果等）会让身体告诉大脑它需要食物，并抑制身体控制食物需求的能力[194-197]。对于这些人来说，即使身体摄入了足够多的能量，大脑也始终会感觉到饥饿。这就是所谓的瘦蛋白抵抗。

我们大多数人生活在一个高压力的世界里（不管是否是我们自己造成的），而对于易受压力影响的人来说，压力会加剧瘦蛋白抵抗。猜猜还有什么会导致压力？没错——节食失败[196]。因此，最终会出现这种恶性循环：一个人尝试一种饮食，感到沮丧，放弃这种饮食，因为这种饮食不起作用。然后感到压力，为了应对压力而开始吃东西，最后又回到了起点。结果就是无法辨别真正的饥饿信号，不管饿不饿都会吃东西。

可能导致情绪化进食的另一个因素是女性的月经周期。女性似乎在负面情绪时更容易暴饮暴食，而通常在黄体中期和月经前期最严重[198]。在此期间，被称为雌二醇和孕酮的激素水平的波动会导致出现情绪化进食倾向。有趣的是，这似乎还伴随着对体重的高度关注[198]。所以，女性觉得需要吃东西来应对负面情绪，然后又开始担心吃东西会对她的体形产生影响。

在有暴饮暴食临床病史的女性中，月经周期的情绪化进食倾向似乎更强，所以我们可以再次看到情绪化进食与暴饮暴食之间的关系[198]。它们并不相同，但它们经常一起出现。

对于许多人来说，情绪化进食始于儿童时期[199]。可能是父母的行为表现出让孩子模仿的不正常的饮食模式，也可能是父母强加给孩子的一种不正常的饮食模式，掩盖了饥饿的感觉（例如像"把盘子里的吃干净！"这样的言语或者给一个心烦意乱的孩子吃垃圾食品等）。

情绪化进食似乎在女孩和妇女中更普遍[200]。情绪化进食的人也可能有遗传易感性，这可能在儿童时期就可以看到[201-202]。但是，正如我们之前所看到的，不正常饮食的遗传因素使事情变得更加困难，但并不完全是减肥成功的障碍。本章稍后将讨论一些解决方案。

情绪化进食还有其他一些原因。其中之一是情感障碍，即无法表达或识别自己的感受[203]。无法表达和发泄自己挫败、沮丧和孤立的感觉，通常会使感觉内在化。当然，这会导致更大的压力，我们之前已经看到压力如何导致情绪化进食。在这种情况下，这个人本质上是在"吞噬自己的感觉"。

另一个原因几乎完全相反：难以控制或管理自己情绪的人也可能最终爆

发并变得非常沮丧，出现同样的压力模式[203]。这些情绪特征可能是在童年时期习得的，或者是随着时间的推移而发展起来的。

　　童年或成年时期的虐待或创伤经历所导致的创伤后应激障碍（PTSD）会严重破坏身体调节饥饿信号的能力[203]。正常情况下，身体对压力的反应是降低食欲（因为身体需要"休息和消化"，在一切平静下来之前关闭食欲）。然而，在某些创伤后应激障碍病例中，食欲信号被混淆，发生了相反的情况——压力导致身体认为它需要进食（正如我们之前所讨论的，这可能会迫使身体平静下来）。

我该怎么办

　　情绪化进食会使我们感到无助，使我们自我感觉很糟糕，使我们陷入不健康习惯的困境。幸运的是，有一些策略可以帮助解决此问题，重回正轨。

　　首先，一定要意识到，只有长期的情绪化进食才是一个问题。如果你只是某一天过得很糟糕，一次吃了一盒奥利奥，那并不一定构成问题。如果你每次感到无聊、压力、伤心或生气的时候都这么做，而且这已经成为一件破坏你的健康和幸福的经常性的事情，那么情绪化进食已经成为一种模式，需要加以处理。

了解诱因

　　处理情绪化进食时，使用的第一个策略是弄清楚诱因。一开始可能不是很明显，所以建议做的一件事是至少记录一周的饮食。不需要一直这么做，这只是为了了解不健康的模式，以便我们可以打破这些模式。你的饮食日记可能像下面这样：

一天中的时间	食物种类和数量	我饿了吗？	我进食时心情如何？
下午 12:30	1个家庭装的玉米片	否	我感到孤独。
下午 3:24	1杯小胡萝卜	是	我感觉饿，胡萝卜总能帮助我感到更饱。
下午 5:13	2磅软糖	否	我在看电视，需要咀嚼点东西。不知不觉，所有的软糖都吃光了。

在这个日记中，我们看到这个人的诱因可能是感到悲伤或孤独，感到无聊或看电视时无意识地吃东西——如果每次他们经历这些情绪时这种模式都继续下去，就可以证实这是情绪化进食。记录更长时间后，我们就会发现，这个人在感到悲伤或孤独时，会想吃又脆又咸的食物，在看电视时想吃甜食。一旦知道了诱因以及你是如何回应它们的，就可以直接解决这些问题。

变警觉

在根据自己的情绪进食时，你通常会处于无法控制的状态。一旦感到悲伤、压力、无聊或焦虑，你就会去拿零食，而你并没有想太多。现在是时候开始想想了。意识到此刻你正在吃什么以及为什么吃，可能会使你平时做出的用食物来平息情绪的无意识反应发生动摇[204]。当你发现自己在诱发情况下伸手去拿食物时，先试着问自己以下几个问题：

- 我现在是真的饿吗，还是为了吃而吃？
- 这种食物能解决我的问题吗？
- 这种食物会让我现在感觉好些吗？

- 这种食物会让我一小时后感觉好些吗？
- 我现在还能做些什么来解决我的问题？

花一些时间问自己这些问题可以使你脱离无法控制的状态，让你在回到老习惯之前考虑一下自己的行为。然后，你可以执行以下额外步骤。

做好准备

当你未处于诱发状态时，可以花一些时间，列出可以帮助自己度过某个艰难时刻的与食物无关的事情。例如，你可以选择"去散步"，这是一个很棒的想法。但是，如果下雨了，或者如果是午夜呢？正因为如此，有一些能满足你所有意外情况的选项是一个不错的主意。然后，你的列表可能像下面这样：

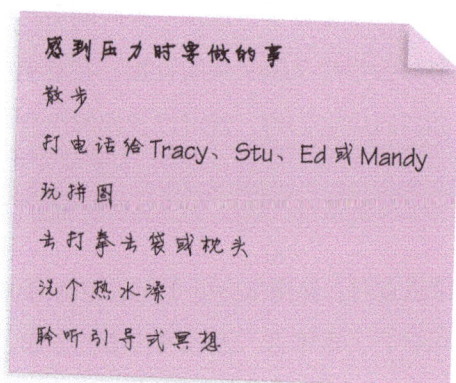

感到压力时要做的事
散步
打电话给Tracy、Stu、Ed 或Mandy
玩拼图
去打拳去袋或枕头
泡个热水澡
聆听引导式冥想

这个列表现在包括了你可以在任何时间或天气下做的事情。请注意，这个列表中有多个可以打电话的人，以防其中一些人没有空。让你的电话名单上的人知道你可能会在诱发时间打电话给他们，以帮助说服你摆脱情绪化进食，这是一个好主意。这样，他们就可以在需要时更好地为你提供帮助。

有了列表之后，把它带在身上！在冰箱上贴一份，在钱包里放一份，在浴室镜子上贴一份，或者在任何你能轻易看到的地方贴一份，以便无论你身在何处都会让你想起它。从列表中选择可行的事情并去执行，不要停下来想太多。让你的大脑尽快忘记食物，转向其他活动。

学习应对技巧

学会调节情绪并对情绪做出适当的反应，是不再需要食物安抚的重要一步。如果你愿意接受，最好通过标准或强化的行为治疗[205]，甚至通过一个支持小组来实现目标。在网上快速搜索"情绪化进食支持小组"，可以发现许多不同的小组，既有虚拟的，也有面对面的，你可能会发现这些小组有助于学习如何健康地表达情绪。

活在当下

我们常常因为吃了一些我们认为不该吃的东西而感到自责，并因此给自己贴上"不好"或"失败"的标签。这常常使人们认为："好吧，我搞砸了。还是现在就退出吧。"我们非常容易被挫折否定了自己的所有努力。但是请记住这一点：你无法改变已做的事，唯有改变现在。放弃一切显然不会改善你的处境，所以问问你自己：

我能做些什么来改变现在？

你可能想要一次多做一些事情。在这种情况下，可以缩小它的规模，并尝试进行逐渐增量的细微改变（稍后详细介绍）。或者，你在试图逼迫自己去改变一些你还没有准备好改变的事情。在这种情况下，可以将这件事放在一边，然后集中精力在其他地方做出积极的改变。你不必完美无缺，只需朝着正确的方向前进。每一小步都会带来改变。我知道有时候很难立刻就看清这一点，但退一步，换个角度看问题会有所帮助。无论如何，尽管很容易说"算了吧"并回到过去的生活方式，但请试着不要让自己走捷径。停止自责，花点时间深呼吸，理清思绪，想想一个能让你现在做得更好的方法。

尝试减慢进食速度

身体需要一段时间才能意识到已经吃饱了，所以不要吃得太快。尝试花比平时多一倍的时间进食。细嚼慢咽；想想它的味道、口感如何，吃它时的感觉等。这是一种在吃东西的时候保持警觉的方法，这样你就不会在不知不觉中吃掉半包薯片。

延迟满足

当你冲动地想要吃东西时，试着推迟进食时间，哪怕只是几分钟。可以延迟的时间越长越好，但是最初可能只有5分钟。尽管如此，这5分钟（或20分钟，或你可以控制的任何时间）很有意义：它可以让你更多地感觉到对自己吃的东西和时间的控制，还可以让你有时间问自己我之前提到的那些警觉的问题。此外，当你延迟进食的时间过去时，你的冲动与渴望可能也已经过去了。

制订一个计划

情绪化进食不仅仅会在感到难受或无聊时发生，它也会发生在社交场合，以及当你想庆祝自己或拥有一个"我应得的"时刻时。如果你在社交活动和郊游时过度地情绪化进食，请为那些时间制订一个计划。在餐馆里，让服务员在上桌之前把一半的饭菜打包，这样你就不会因为食物摆在面前而敞开了吃（这样你第二天的午餐也有了！）。吃开胃菜的分量而不是正餐的分量，或者与一起用餐的人分享一顿正餐或一些开胃菜。如果你想大吃一顿，请调整一下当天剩下时间吃的东西的分量，这样晚上就可以放纵一下了。另外，多喝水也是一种帮助控制摄入量的方法。

找一些与食物无关的方式来犒赏自己——给自己一个迷你假期（或者超长假期，如果可以的话！），去做一次SPA，或者去一个有趣的地方旅行，或者去一家你一直关注的商店购物。

社交环境是秘密武器

"外部（负面）影响——家人们对此不屑一顾，在家里摆满垃圾食品，缺乏纪律和关爱，在工作中也有同样的情况，比如供应商把糖果等带到办公室并邀请你加入欢乐时光……"

你是否曾经和一群朋友出去玩，吃了很多自己不打算吃的东西，就因为其他人都在吃？或者你有没有因为另一半爱吃零食而变胖的恋爱经历，而这些零食现在总是在家里疯狂地诱惑着你？是的。减脂会存在社会因素的影响。

很多外部因素都会影响你吃零食的想法。也许你的家人根本不想吃你正在吃的东西，如果你是家里负责做饭的，那么现在你每次做饭都必须每顿做两种不同的饮食，甚至更多种不同的饮食。也许你有一个喜欢带饼干和糖果的同事，或者你家里的某个成员把一袋袋薯片扔得到处都是，而且不愿意停下来。然后是欢乐时光邀请会，办公室聚会，和朋友们一起外出吃饭，他们点了所有的开胃菜供大家一起分享，很难抗拒，对吧？

　　我有一个客户，他在过去的几年里不断地增重和减重40磅。她知道自己需要做什么，并真诚地希望减掉脂肪。但是，她的丈夫更喜欢她变胖一点，当她变瘦时，他就开始烦她。这是她无法坚持一个计划超过1年的主要原因。当和你生活在一起的人每一步都在和你作对的时候，想要保持健康真的很难。

　　支持与鼓励的社交环境已经被一再证明能显著提高你减肥并保持减肥效果的机会。许多人似乎不想让他们的朋友和家人知道他们的健身计划。如果你是其中之一，我毫不怀疑你有充分的理由需要这样做。然而，我建议你告诉那些经常和你一起出去玩的人，尤其是当你和这些人一起吃饭的时候，告诉他们你要达到的目标，要求他们在你努力实现目标的过程中尊重你的选择。大多数时候，人们会更愿意为你加油，帮你走出困境；有时，你甚至会激励他们加入你的队伍！

　　但是，总有一些人不予支持。建议你不和这些人一起吃饭很容易，但实际上这并不总是可行的（就像我的客户和她的丈夫一样）。在这种情况下，你要想继续坚持下去，肯定会更困难。但是，这也是可以做到的。锻炼你的意志力是其中的一部分——你必须找到一种方法来避开在这些不支持你的人身边暴饮暴食的诱惑。我知道这说起来容易做起来难，但是确实是可以完成的。对办公室的诱惑说"不"；在家里自己做食物。我完全理解这可能非常困难，并且会迫使你做更多的事情。但是，这是你实现目标必须克服的障碍。

另外，我建议你在不支持的关系之外找到一群支持你的人。你可能会在所在的地区找到一个步行团体，或者在健身房里找到一群很棒的人。你所在的地区可能有一个健康饮食群体，或者有一群试图健康减肥的人。像Meetup、SparkPeople、WeightLossBuddy这样的网站都是寻找和你志趣相投的支持者的好地方。如果需要，也可以加入互联网支持团体（Facebook等社交媒体网站上就有几个），因为他们可以极大地帮助和激励许多人。你可能无法在家中或个人圈子中获得所需的支持，但仍然可以在其他地方获得所需的支持。这可能会改变你的整个世界。

避免自暴自弃

"所有这些不同的饮食计划都在我的脑海中留下了一份关于食物'规则'的列表，其中一些实际上是相互矛盾的，再加上节食在我的脑海中形成的是极端的限制或者放纵周期，这意味着我要么超级严格地遵守所有这些不同的规则，要么'推翻规则'，吃所有没有明确限制的东西。然后，因为我根据这些规则（好食物与坏食物）对食物做出了价值判断，我最终根据自己的饮食方式对自己做出了同样的价值判断——这将导致另一条与情绪化进食或者类似行为完全不同的道路。尽管我能够用自己的理性思维确定所有这些问题的答案，但我仍然在与之斗争。这就是它的长处和（不一定是）短处。"

　　"媒体 / 社会在欺压我。当不断有人提醒你不够好时，你就没法去做你应该做的事，这会使羞耻感螺旋式上升。"

　　"我感到很失败。我这周的计划还没完成，我感觉所有的努力都白费了。我再次准备放弃了。我只想吃掉眼前的一切，到此为止。"

　　自暴自弃是令人讨厌的"野兽"。对很多追求完美的人来说，任何不完美的事情都会被否认和摒弃，然后变成失败。对其他人来说，当结果来得不够快或以某种方式走回头路时，会有一种绝望的感觉。有些人给自己设定了很高的标准，他们根本无法达到；有些人觉得如果他们没有获得某种形象，没有采取什么行为，或者没有得到其他人的某种看法，他们就是失败者。有时人们对未知或变化感到恐惧。不管导火索是什么，大多数自暴自弃的行为都起源于一种羞耻感[208]。当人们无法实现为自己设定的目标时，他们就会感到羞耻或内疚。他们会过度地自我批评，给自己贴上失败者、不称职、低人一等、不值得、"坏"或一大堆其他不太好的标签。他们可能会感到沮丧、不被关心、被孤立、讨厌或无人喜欢。他们试图通过自暴自弃的行为来调节这些感觉。当然，这些感觉是令人非常不舒服的。这些行为可能表现为暴饮暴食、厌食、滥用药物或其他危险行为。

　　有些人有意识或无意识地从保持超重的状态中找到了一种安慰。在某种程度上，这是一种保护毯，让他们不必更多地参与某些社会活动（这对一些人来说非常可怕）。这可以成为解释某些事情为什么不成功的借口，也是一张不用再被劝说如何吃饭和运动的"免死金牌"。或者，如果他们不想减肥，那就意味着他们实际上不需要减肥。也许他们认为体重超标，人们就不会把他们视为威胁，所以他们觉得自己更容易被社会接受。

　　如果你自暴自弃，那么弄清楚行为背后的原因至关重要。你可以在这方面寻求帮助，与专业人员交谈可以帮助你深入了解阻碍进步的根源。你也可以自己尝试一些策略来摆脱这种恶性循环。

为自己制订一些小目标

不要好高骛远。力争在接下来的一两周完成一些非常易于管理的事情。给自己制订一些定期目标，比如：

第一周：下班后散步。
第二周：不吃快餐。
第三周：每顿饭喝8盎司水。

不要设定过远的目标（比如，不要在完成第一周的目标之前设定第三周的目标），并且一定要设定可行且相对容易实现的目标。奖励自己与食物无关的东西，让自己每次达到目标时都感觉良好（本书后面将详细介绍目标设定）。设定一个你可控的目标，达到目标后会让你产生一些多巴胺（大脑中让人"感觉良好"的化学物质），它会激励我们继续做对自己有益的事。

改变你的观点

我们很容易因为认为自己做错了事而责备自己。但是，这样做很可能会掩盖你看到自己做得对的事情。把你做得好的事情、你的优点，以及你生活中的好事情一一列出来。如果需要，找一个一直支持你的朋友帮你列个清单。将这个清单放在非常显眼的位置，经常参考它。尽可能地扩充它的内容（如果可能，1周扩充一次或更多次），即使是最小的事情（"我从浴室救了一只蜘蛛并将它安全地放到户外"，"我的汤做得很好喝。"）也很有意义。不要谦虚，现在是时候把你的优点展示出来了。

每天做一件事情来练习自我关怀

这可以是任何能让你感觉良好的非破坏性的事情，比如听一首你喜欢的歌，或者吃饭时细嚼慢咽，真正地享受你的食物。

击打某个东西

面对压力过大的客户，我会递给他们一根棍子和一些可以击打的东西，让他们尽情发泄。他们击打沙袋，不停地用铁链砸地，发泄他们的愤怒。我甚至还为客户制作了衬衫，上面写着："当我击打东西的时候，感觉好多了。"你知道吗？有时你真的就是需要击打一些东西。当然，有些人喜欢大声尖叫，有些人喜欢写下所有负面想法，然后在壁炉中烧掉它们。无论什么方式，只要对你有用就行了。用安全而非破坏性的方式摆脱沮丧，这样你就不会被挫折击败。或许你还可以后退一步，试着换个角度看问题。问问自己：我告诉自己的是真的吗？情况真的像我说的那么糟糕吗？我对自己的期望现实吗？你很可能会发现，你可以改变那些你一直灌输给自己的错误观念，开始原谅自己（或任何需要原谅的人），开始让情况变得更好。如果你觉得这是不可能的，那么找个靠谱的外援也值得一试。

集中注意力

需要认识到，你可能不会完全扭转长期以来对自己的看法，也不会完全改变想要痛打自己的冲动，但是你可以停止恶性循环。确定你什么时候开始陷入恶性循环，不要让它变得更糟。必要时与一直支持你的人谈谈，到大自然中去走走，或者做任何对自己友好的事情，改善自己的心态。

我没有说我有所有的解决方案——我只是有一些曾经对我的客户或者对我自己有用的方法。希望其中一些方法对你有所帮助，或者找到其他对你有益的方法，让你恢复健康。

第18章

其他常见问题

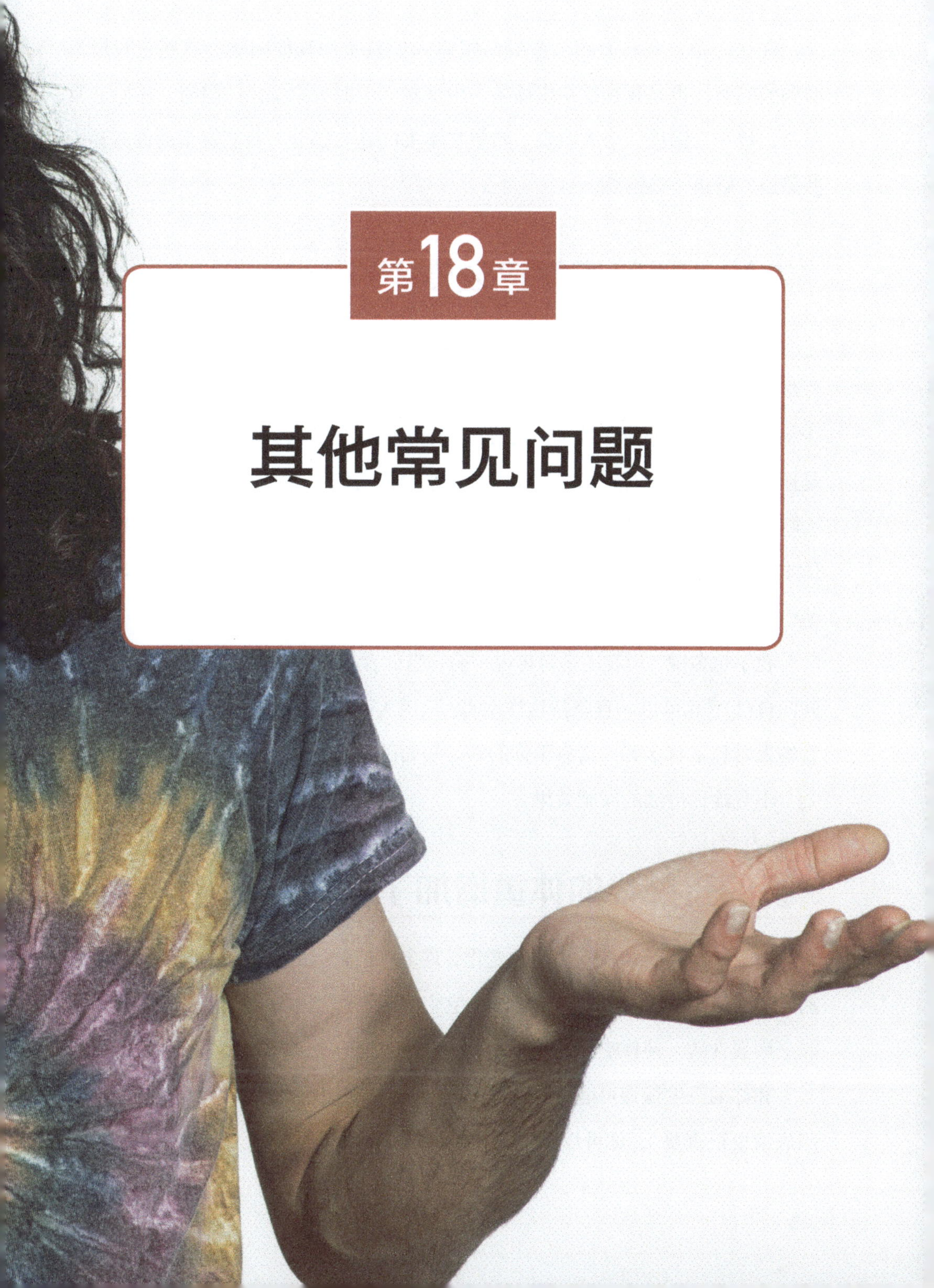

在这一章，我将介绍一些经常阻碍人们减重的其他问题。这些是我经常听到的问题，也是我在社交媒体帖子中征求问题时大家提出的阻碍。减脂非常复杂，也令人困惑、令人沮丧。希望在本书的这一部分，我能够帮助你减轻一些恐惧，解决一些困惑。

"为什么我的进度这么慢？"

快速减重未必是个好事情。我知道，看到别人减重成功是多么诱人的一件事，不管他们正在做的事情有多么不现实，都想去尝试一下。我明白那些广告承诺带给你惊艳的身材和容光焕发的健康面貌有多么诱人。减肥真人秀并不是通过展示健康、渐进的减肥而流行起来的；它们之所以流行，是因为它们让人呕吐，严格限制参赛者的饮食，清除他们体内的垃圾，直到参赛者减掉大量体重，看起来令人惊艳，最终喜极而泣（在绝大多数情况下，节目结束后不久他们的体重就又反弹了）。

我不想多说，但我还是得再说一遍。当你看到那些做出巨大承诺的计划时，问问自己："我可以一直坚持这样做吗？"说实话。如果答案是否定的，那么不管结果看起来有多好，请省下你的钱。短暂的计划（或者你只能短暂坚持的计划）不会给你持续的减肥效果。

"我的药让我的体重增加了。"

由于体液失衡和新陈代谢的变化，许多不同种类的药物（包括许多抗抑郁药和类固醇药物）会导致体重增加。它们可能会改变体内脂肪的分布，或者可能会增强食欲，使你吃得更多。

和你的医生谈谈可能没有这些副作用的其他选择。如果没有其他选择（控制病情也很重要），你可以尝试其他方法（一定要咨询医生，确保其中一些方法不会干扰你的药物治疗）：

- 减少盐的摄入可以帮助减少水分的增加。检查食品标签，看包装食品中是否添加了钠，选择低钠或无钠食品。

- 多吃精益蛋白质和纤维，让你更长久地保持饱腹感，这样可以缓解食欲变化。当你想要吃零食时，选择低热量、营养丰富的食物（例如切碎的蔬菜）。它们可能不是你想要的，但它们能帮你填饱肚子。

- 保持锻炼！体育锻炼有助于改善情绪和燃烧热量，所以一定要考虑。

- 一定要注意睡眠质量——稍后将更详细地介绍。

确实，本书中提到的所有方法都可以有效地减轻由于药物而增加的体重，但实施起来可能更具挑战性。请不要失望，事情还是有可能控制的。

诱惑性食物

"受限于时间、金钱，以及不是负责买菜或做饭的人，所以可以选择的很少……"

"很晚才吃饭，吃甜食"

"吃孩子的食物。"

事先说明，我要告诉你一些你不想听的事。如果家里有诱惑性的食物，那么你基本上有两种选择：把它们从家里拿走或放在拿不到的地方。和你的家人或室友谈谈，不要将那些会让你把持不住自己的食物放在家里。如果他们同意，立即开始：将它们扔出去，将它们捐赠给庇护所，送给邻居——尽快将它们从家里拿出去。现在你需要确保它们不会再回来。

　　如果与你同住的人不想拿走这些东西，那就让他们配合你的努力，想办法让你无法接触到这些零食。将它们隐藏在某个地方，将它们锁起来——采取一切必要措施使它们远离你的双手。如果食物不在身边，你就不会暴饮暴食。就像糖的难题一样，最终你会失去吃那些容易吃多的东西的冲动。在这种状态发生之前，你应该没有选择。

　　你可能不是负责买菜或做饭的人，但是你可以与负责买菜或做饭的人交谈，告诉他们你的目标以及你想在商店购买的东西。如果他们支持你，你可以列一个清单，寻找双方可能都喜欢的更健康的食谱。如果他们不是很支持，我们将在本书后面讨论这种情况。

　　吃得健康并不一定要花很多钱。你知道吗？许多大型的平价商店经常出售农产品，以及全麦面包、糙米和藜麦之类的东西。如果你居住的地区有亚洲或墨西哥的杂货店，农产品通常更便宜。甚至还有一些服务旨在通过低价出售"丑陋"的水果和蔬菜（例如不完美的食物）来减少食物浪费。其他还有一些商店以很高的折扣出售临期的健康产品，或者非常好但不太可能在市场上出售的健康产品。如果你擅长园艺，你也可以尝试"花园分享"，也就是你自己种植农产品，并与你所在地区的其他园丁分享你的收获。你最终会得到很多很棒的超新鲜食物，甚至可能交到一两个新朋友。有很多选择，你只是需要去找到它们！

开始行动

　　"我打算在这几周内戒掉奶制品、肉类、麸质、糖，让我的身体恢复活力。我之后会制订一个不错的计划。"

　　我的很多客户来找我，告诉我他们打算暂时从饮食中剔除某些食物，比如豆类、小麦、水果、某些蔬菜等，以便"启动"他们的计划，然后随着饮食计划的进行慢慢再把它们加进去。基本来讲，所有这些启动工作都是在使你进入一个临时的极端减肥计划。归根结底，这是一种非常无效的策略。

你的身体不会想："哦，她两个星期没吃东西了，所以当她再吃这些食物时，我会继续减轻体重！"基本上，这种启动方式的原理和所有其他饮食一样，我们知道这就是热量缺乏。

模仿

"我的邻居一直在采用某种饮食，现在他们感觉很棒。他们的关节没有损伤，精力也非常充沛。所以我也打算尝试某种饮食！"

如果你有很多重量需要减，并且已经减轻了一些，你可能会感觉很好。这并不一定是因为你的饮食太神奇了，而是因为你由肥胖引起的并发症的风险降低了，对关节的压力也减轻了。由于运动更加灵活，或者由于对镜子中看到的自己更满意，你可能会更加神采奕奕。因此，采用大多数饮食计划的人基本上都会声称，自己感觉更健康了，痛苦也减少了。同样地，找到对你有效的方法，你最终也会感觉好很多。

讨厌蔬菜的人

很多人都不喜欢吃蔬菜。以下是你可以尝试的可能的解决方案。

原因可能在于它们的烹饪方式

我认识一个讨厌花椰菜的人，直到他们尝试把它烤来吃，突然之间，就像打开了一个全新的世界。我曾经不知道自己喜欢球芽甘蓝，直到我将它们烤到合适的熟度。可能你只是没有以正确的方式烹饪某种蔬菜。尝试烤、烧、炒、

炸蔬菜；查找有关它们的有趣的食谱——在你从饮食清单中剔除它们之前，给它们一些机会。你可能会大吃一惊。

原因可能在于它们的切法

我认识一个人很讨厌蘑菇，除非将蘑菇切得很小。这没什么奇怪的。有些人喜欢吃有质感的食物，不喜欢吃大块的蔬菜。尝试不同的切法，比如螺旋式切法等，看看能不能改变你的想法。

你可能需要伪装它们

我有一个秘密：我有时会把红扁豆和意大利面酱混合在一起，这样就不知道它们的存在，并且能增加蛋白质和营养。多年来，父母们已经用这种方法成功地在孩子的食物中加入各种蔬菜——你也可以尝试一下。你可能会感到惊讶！花椰菜很简单，因为它是中性的，可与大多数其他食物混合。尝试把它弄成糊状，然后与意大利面、土豆泥或米饭混合在一起。你可以将红色、橙色或黄色的蔬菜泥制成糊状，然后将它们放入腌料汁中，也可以尝试将绿色的蔬菜泥混入肉丸中（如果你不吃肉，可以混入非肉丸中）。另外，请记住，许多草药也可以算作绿色蔬菜，所以好好地对食物进行调配！

尝试香蒜酱

食用香蒜酱实际上是另一种将蔬菜泥混入食物中的方法。你几乎可以使用任何一种绿色蔬菜，再加上大蒜、盐、少许橄榄油。将它加在意大利面中，或者用在任何你想放香蒜酱的地方。

蔬菜种类丰富多样。每周都试一试你以前从未尝试过的方法，看看效果如何。也许你会找到新的最爱！

尝试绿色饮料

如果其他方法都不起作用，你可能需要尝试喝蔬菜汁了。将蔬菜混合到加奶果汁或蛋白质奶昔中，或者喝一杯在成分中混合了蔬菜的蛋白质奶昔（一些"全餐"奶昔中含有大量蔬菜，可以查看其成分来核实）。也可以尝试蔬菜粉末，它们可能对你来说味道不太好（大多数尝起来都是蔬菜味），但是你可以把它们咽下去。一些蔬菜粉末中添加了香料，这可能让你觉得它们很可口。但是无论如何，你知道自己有选择，像其他任何方法一样，你只需要找到适合自己的方法。

健康并不等于低热量

我经常听到这句话，解决方法是追踪记录他们吃的东西（有很多免费的应用程序可以做到这一点），持续一两个星期。如果你一直在记录自己吃的所有东西，但仍然不了解哪里出了问题，则可能需要开始称量食物而不仅仅对其进行观测。可以这样想：如果你先量了一杯面粉，然后量另一杯面粉时将其压实，那么压实的杯子中肯定装了更多面粉，对吧？这样一来，你所摄入的热量可能远远超过原本想摄入的热量。如果你确实想尽可能准确地了解每天实际吃了多少热量，那么称量食物可能是一种非常有用的方法。

人们最终往往发现，即使他们吃的都是健康的食材，实际上他们摄入的热量还是比燃烧的要多。时不时进行检查是有回报的——你可能会对发现的结果感到惊讶。

需要注意的是，如果你有饮食失调的倾向，或者对食物有强迫症，那么称重和观测食物可能都不是最好的方法，因为可能会引发对食物的不良行为和态度。还有其他方法可以估算食物的分量。可以尝试以下方法：

• 用手测量：你可以用手确定基本的分量大小。肉和鱼大约等于手掌大小。一根拇指大约相当于一份脂肪。你的拳头大约相当于一份谷物或水果。两只杯状的手大约相当于一份蔬菜。

• 沙拉盘：如果你不想再三衡量的话，用沙拉盘作为餐盘是一种减少分量的简单方法。

• 餐盘分量：装大约半盘蔬菜（当然，不要油炸，也不要浇上高热量的酱汁或油），将另一半盘分为一半蛋白质和一半全谷物。

宏量营养素

宏量营养素这个词基本上包含了你每天所吃的三大营养素：蛋白质、碳水化合物和脂肪。计算宏量营养素是计算热量的另一种方法——如果你摄入 w 克蛋白质，x 克碳水化合物和 y 克脂肪，那么你当天摄入的热量就会达到 z 千卡。计算宏量营养素的一个好处是，它可以让你知道每天吃的每种宏量营养素的量。

结果，你可能会发现自己的蛋白质摄入量非常低，或者脂肪摄入量很高。当你发现饮食更平衡时，你可能感觉比以前更好，表现也更好。

所以，请回答这个问题：我一定要计算宏量营养素吗？当然不是必须的。它只是许多工具中的一种，可以帮助你了解适当的分量大小和营养摄入量。如果它对你有用，那一定要做。如果没有用，还有很多其他方法。

饮食计划

饮食计划似乎是个好方法；它们让人们不用在准备食物的过程中进行过多思考，你也不必过多地考虑你要吃什么。缺点是人们容易对膳食计划感到厌倦，而且这些计划无法很好地适应社交场合（这就是为什么当人们问我是否要为他们编写膳食计划时，我通常会拒绝）。是的，你可以制订一个膳食计划，但是你希望永远这样吃饭吗？

第19章

设定目标

你有没有制订过一个新年计划却没能实现？你很可能有过——我们大多数人都有过。基本上，我们倾向于制订一个巨大而模糊的目标（比如"我妹妹结婚时我要减掉30磅！"）。问题在于，我们没有制订实现该目标的路线图，所以我们在途中迷失了方向。

制订健康和健身计划时，你应该养成的最重要习惯之一就是设定目标。在生活中的大多数努力中，包括减肥，正确设定目标是成功的关键。学习如何设定目标的好处在于，你可以用这些技能去做很多你可能想在生活中完成的事情，所以这对你来说是额外的收获！

基本的目标设定过程是这样的：

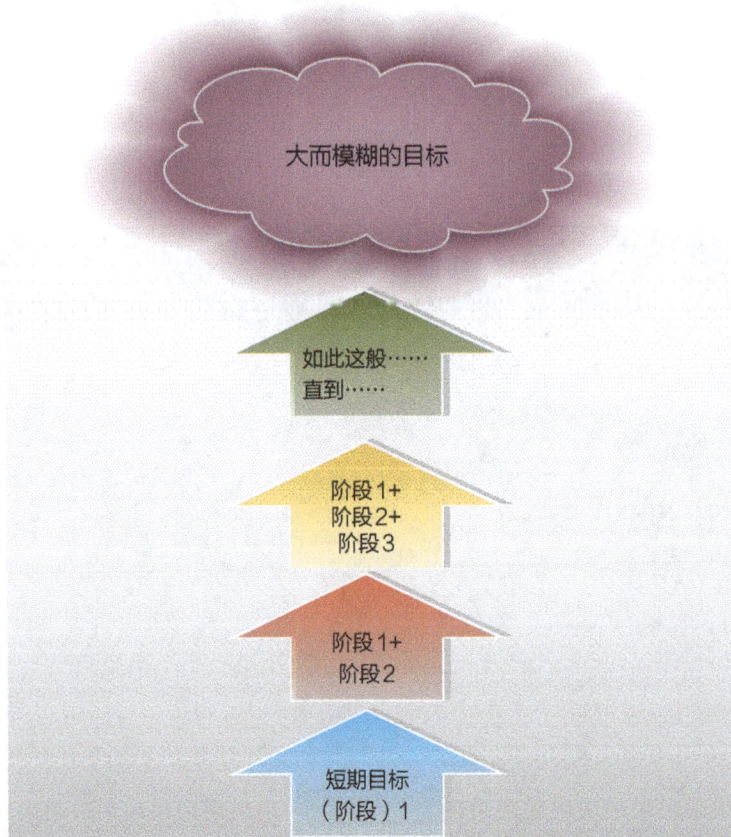

你实现巨大而模糊的目标的路线图由一些短期目标组成。短期目标是指可以在短期（比如1~3周内）实现的目标。你的短期目标应具备以下条件：

- 具体（Specific）。明确说明你的目标是什么？你将如何完成它？它需要什么？
- 可测量（Measurable）。你能够量化自己做的事情吗？你将如何衡量它？
- 可实现（Attainable）。你现在是否准备好实现这个目标？你是否具备实现目标的技能以及已经做好心理和情绪准备？
- 相关（Relevant）。这是否可以帮助你最终实现你的巨大而模糊的目标？（如果不确定，可能需要重新评估什么方法对你有帮助。）
- 有时间限制（Time-bound）。你的目标应有明确的开始日期和结束日期。

这些目标称为"SMART"目标，我希望这是我自己想出来的，但不是。这个想法来自一个叫乔治·多兰（George Doran）的人在20世纪80年代初编写的文章《管理评论》（*Management Review*）。无论如何，这是一种非常有效的方法。

> 制订健康和健身计划时，你应该养成的最重要习惯之一就是设定目标。

让我们以减肥为例，假设你巨大而模糊的目标是减掉30磅。问问自己：我现在准备好做什么事来帮助我达到该目标？记住：这需要是一件可以在1~3个星期内完成的事。它可以是心理健康目标（例如，你可能需要缓解压力）、体育锻炼目标、身体健康目标（也许你睡眠不好，需要解决这个问题）或食物目标。

假设你选择了一个食物目标，然后选择了"我会吃更多蔬菜"。这里面就存在问题。"更多"是多少？如果你不吃蔬菜，而现在你吃了一些蔬菜，我想这就是"更多"。但是，如果你已经在吃蔬菜，怎么知道你是否吃了更多呢？另外，你会吃更多的哪种蔬菜？只吃一种？很多不同种类？这就是我所说的可衡量的意思。更好的目标可以是："每餐我都会吃一份绿色多叶蔬菜。"然后，你可以肯定地确定自己做到或没有做到这一点。如果你有一餐没有吃绿色多叶蔬菜，那么你就没有达到这个目标。

因此，假设你将时间表设定为3周，并且在整段时间内都吃绿色蔬菜。如果你对此感到满意，并且现在感觉很舒适，你就可以添加一个新目标了，同时坚持第一个目标的习惯——不要停止这些习惯。你的目标将不断累加。现在每顿饭你都会吃一份绿叶蔬菜，并且你每天会走1英里（约1.609千米）（举例而言）。

> 定期提醒自己你的目标，这样可以帮助你更好地坚持下去。

假设你没有达到目标。在这种情况下，把这个目标留到下一轮，直到你满意为止。如果你经过两三轮还没有达到这个目标，说明你还没准备好。暂时放下它，然后选择对你更有意义的目标。

在设定目标时，我认为将其写下来可能会有所帮助，可以写在多个地方，最好是你能经常看到的地方：在冰箱上贴一张便利贴，将其写在办公桌上的记事本上，将浴室的镜子上贴一张便笺——任何有效的方法。定期提醒自己你的目标，这样可以帮助你更好地坚持下去。

总共需要设定的短期目标数量完全取决于你如何实现它们，以及最终目标有多大。但是，这通常不是一个快速的过程，我知道这很令人沮丧，我们都希望立刻实现所有目标。但是请理解，以可管理的方式去执行，获得长期结果的机会最大，而不是实施一个快速减肥计划，然后由于你无法坚持那种生活方式而反弹。

有些人可以一次实现两三个短期目标，如果你是其中之一，那就放手去做吧。但是，对于大多数人，我建议一次实现一个目标，因为这是最容易实施的。减脂可能是一个充满压力的过程，不要让自己变得更艰难。

第**20**章

其他重要事项

　　还有其他一些因素可能会阻碍减脂，但是并未引起人们的足够关注。让我们来谈谈它们！

睡觉

　　我之前简单地提到了睡眠的重要性，现在让我们再深入理解一些。当你睡眠不好时，身体可能发生许多问题。首先，你的大脑无法正常运转（例如，你是否知道开车时昏昏欲睡与酒驾一样危险？）。而且，你的反应速度会变慢，在脑力或体力活动上也表现不好，你还会变得急躁，一切都很糟糕。除此之外，身体在睡觉时会进行最佳的修复。因此，如果睡眠不好，身体就不能很好地修复，你就不能从训练计划或其他任何付出中获得最佳的结果。

　　如果睡眠不好，控制食欲的激素就会有些失控，这会让你吃得更多。当然，过多的热量会导致体重增加。睡眠不足会导致清醒的时间更多，导致进食机会更多，进而导致摄入更多热量。

　　作为睡眠不佳俱乐部的一员，我非常明白想要找到"睡个好觉的秘诀"有多难，但我真的依旧建议去寻找这个秘密的答案。良好的睡眠对你整体的精神、情绪和身体健康以及减肥目标都非常重要。

压力

　　长期压力很大的人（由社会经济地位、复杂的社交网络等因素引起）往往比没有这些压力源的人患肥胖症的风险更高[206]，这可能是由于运动量降低、吃得舒服、容易吃到更多美味食品（容易吃很多的垃圾食品）等原因所导致的。压力似乎会影响我们对食物种类和数量的选择，找到减轻压力的方式并掌握有效的应对机制来处理生活中的压力，这是极其重要的。一些可行的方法包括以下几种。

冥想

我不是一个冥想大师；我尝试过无数次，但就是无法让我的头脑停止思考。我甚至去参加了在佛教寺庙举办的冥想课程，但是我在整个过程中一直在想，我感觉好痒，或者地板不舒服，或者我需要换腿等——不是很虔诚。话虽如此，很多人对此都很虔诚，并且有很多冥想的方法。我发现最适合我的是在大自然或在海边散步，这是我理清思绪、欣赏美好事物、更换视角的一种方式。有时我走的路程很短，有时很长，我几乎总是带着我的狗，因为它也很喜欢，对我来说这是很大的安慰。我的观点是，如果传统的冥想方式对你不起作用，那就不必采用传统的方式。找到一个让你心里平静的地方，无论什么地方都行，然后尽可能地花时间去感受这种平静。

呼吸练习

深呼吸练习是一种非常有效的缓解压力的方式。它们还可以帮助你学习如何在举重和唱歌等情况下正确地呼吸，所以有额外的好处！网络上或者你住的地方附近可能有各种各样的深呼吸课程。一个简单的例子：

- 找到一个安静舒适的地方。你可以躺下或坐下，选择更舒适的姿势。
- 将一只手放在胸部，另一只手放在下腹部。
- 当用鼻子吸气时，集中精力让下腹部充满空气。肩膀不应该抬起，上方的手也不能张开太大，大部分动作应该由下方的手来完成。
- 慢慢呼气，感觉下腹部再次开始放松。
- 你觉得需要做多少次就做多少次。

如果愿意，你可以尝试在呼吸练习期间进行想象。想象自己在最喜欢、最放松的地方（有人喜欢塔希提岛吗？），或者想象每次呼吸时，负能量就会从体内排出。

锻炼

锻炼已经被证明可以减轻焦虑、抑郁和压力。但是，锻炼的强度很重要。中等强度的锻炼似乎能最有效地减少压力的炎症标志物[207]，不过大多数类型的锻炼似乎对抑郁标志物和焦虑标志物都有一定程度的影响。定期到户外进行一些体育锻炼，会给身体带来很大的改变。

与支持者交谈

无论是治疗师、配偶、家庭成员还是值得信赖的朋友，与能支持你的优秀倾听者进行交流可以帮助改善压力，甚至可以增进你与倾听者之间的亲密关系（如果这对你来说合适的话）。拥有强大的能支持你的社交网络不仅会帮助你减脂，它对你的生活的各个方面都有所帮助。

最终真相

我最后想谈的一些事情似乎会影响人们对自己身体的看法。老实说，这些事情曾经让我感到困扰。希望了解这些事情可以帮助你变得更轻松。

- 几乎每个人坐下时肚子都会凸出来。哪怕是超级名模，坐下时的肚子也不会好看。我以前常常为我坐下时的肚子的样子感到难过。我会抓住那些褶皱，对它们施加压力。但是，很少有人坐下时肚子不会形成这些难看的褶皱。因此，不要再为此烦恼了。

- 光线有着神奇的作用。如果你痴迷于社交媒体上的网红的身材，你要明白，是光线造就了这些照片中的一切效果。正确的光线可以塑造轮廓，突出肌肉，减少肿胀，使皮肤焕发光泽，等等。随着社交媒体的出现，很多人都成了光线专家，摄影师多年来一直在使用这些技巧以使他们的模特看起来最美。这也是为什么你可能不会对自己在商店更衣室里穿着泳衣的样子感到兴奋。通常，这些灯光的设计并不完全是为了讨人喜欢。仔细想想，一些商店在这方面有点蠢——他们只需要学会《良好照明手册》（*Good Lighting Handbook*）中的一页，就可以卖出更多的套装。

- 即使有6块腹肌的人也不会一直看起来有6块腹肌。我记得不久前我和一个很受欢迎的健身人士聊天，她以惊人的腹肌而闻名。她感叹道："如果我想练出腹肌，我真的必须注意自己吃的东西，因为它们看起来并不总是那样的。"所以，尽管这些人确实拥有赋予她们腹肌的基因、饮食、体脂和锻炼计划，但为了让她们看起来像照片上的样子，一切都必须完美无瑕。

- 此外，并非每个人都可以有6块腹肌（也不是每个人都应该有）。拥有6块腹肌意味着体脂水平极低，这样才能看到腹部的肌肉组织，这可能对人的健康有害（比如可能导致闭经、营养不良等）。当然，并不是每个人都能练出6块腹肌，但是当一个人的体脂水平变得这么低时，这种结果无疑会变得更加普遍。6块腹肌还需要遗传因素，我自己就没有。不管我的体脂水平多低，我最接近6块腹肌的状态是有一块腹肌，而且我看上去很瘦弱。

> 首先，你的身体健康、幸福感和心理健康应该是最重要的。

- 你永远不会拥有别人的身体。因此，请不要再将自己与杂志、社交媒体或世界任何地方的人进行比较。你所能做的就是使自己成为最好的"你"。而且，你是唯一能决定某件事对你来说意味着什么的人。首先，你的身体健康、幸福感和心理健康应该是最重要的。我向你保证，体重秤上的数字或平坦的腹部不一定是实现上述任何一个目标的关键。

　　虽然减脂无疑是迈向健康和良好自我形象的重要一步，但还有很多其他因素也在发挥作用。所以对自己好一点。和那些愿意帮助你做到最好的人在一起。不要害怕在需要时寻求帮助，无论是精神上、身体上、情感上还是其他方面。要明白，在追求自我提升的过程中，你并不孤单，总会有人站在你旁边。

后记

本书基本上是对大量信息的一次收集，目的是尽可能真实地回答我每天看到的和听到的与减肥有关的问题。营养学和食物心理学研究的有趣之处在于，环境总是在变化——总有新的信息需要学习。遗憾的是，随着互联网和社交媒体的出现，我们获得了大量好的信息和不那么好的信息，要理解它们并不总是那么容易。某些人通过贩卖某种特定的产品或教条而获利颇多，而可悲的副作用是，许多人因此被骗走了自己的钱（可能还有他们的健康）。在本书中，我希望能理清一些思绪，并为你提供尽可能多的方法来帮助你解决问题。希望你感觉它是有用的，希望你继续做自己健康的管家，尽管有时可能会遇到困难和不适。

期待你的成功。

参考文献

[1] Astrup, A., Larsen, T.M., & Harper, A. (2004). Atkins and other low-carbohydrate diets: hoax or an effective tool for weight loss? *The Lancet*, 364(9437), 897–899.

[2] Johnston, B.C., Kanters, S., Bandayrel, K., Wu, P., Naji, F., Siemieniuk, R.A., ... Mills, E.J. (2014). Comparison of weight loss among named diet programs in overweight and obese adults. *JAMA*, 312(9), 923.

[3] Naude, C.E., Schoonees, A., Senekal, M., Young, T., Garner, P., & Volmink, J. (2014). Low carbohydrate versus isoenergetic balanced diets for reducing weight and cardiovascular risk: a systematic review and meta-analysis. *PLoS ONE*, 9(7).

[4] Soenen, S., & Westerterp-Plantenga, M.S. (2008). Proteins and satiety: implications for weight management. *Current Opinion in Clinical Nutrition and Metabolic Care*, 11(6), 747–751.

[5] Gibson, A.A., Seimon, R.V., Lee, C.M., Ayre, J., Franklin, J., Markovic, T.P., ... Sainsbury, A. (2014). Do ketogenic diets really suppress appetite? A systematic review and metaanalysis. *Obesity Reviews*, 16(1), 64–76.

[6] Dhillon, J., Craig, B.A., Leidy, H.J., Amankwaah, A.F., Anguah, K.O., Jacobs, A., ... Tucker, R.M. (2016). The effects of increased protein intake on fullness: a meta-analysis and its limitations. *Journal of the Academy of Nutrition and Dietetics*, 116(6), 968–983.

[7] Anton, S., Hida, A., Heekin, K., Sowalsky, K., Karabetian, C., Mutchie, H., ... Barnett, T. (2017). Effects of popular diets without specific calorie targets on weight loss outcomes: systematic review of findings from clinical trials. *Nutrients*, 9(8), 822.

[8] Jenkins, D.J., Wong, J.M., Kendall, C.W., Esfahani, A., Ng, V.W., Leong, T.C., ... Singer, W. (2014). Effect of a 6-month vegan low-carbohydrate ("Eco-Atkins") diet on cardiovascular risk factors and body weight in hyperlipidaemic adults: a randomised controlled trial. *BMJ Open*, 4(2).

[9] Neacsu, M., Fyfe, C., Horgan, G., & Johnstone, A.M. (2014). Appetite control and biomarkers of satiety with vegetarian (soy) and meat-based high-protein diets for weight loss in obese men: a randomized crossover trial. *American Journal of Clinical Nutrition*, 100(2), 548–558.

[10] Hall, K., Bemis, T., Brychta, R., Chen, K., Courville, A., Crayner, E., ... Yannai, L. (2015). Calorie for calorie, dietary fat restriction results in more body fat loss than carbohydrate restriction in people with obesity. *Cell Metabolism*, 22(3), 531.

[11] Sutton, E.F., Bray, G.A., Burton, J.H., Smith, S.R., & Redman, L.M. (2016). No evidence for metabolic adaptation in thermic effect of food by dietary protein. *Obesity*, 24(8), 1639–1642.

[12] Antonio, J., Peacock, C.A., Ellerbroek, A., Fromhoff, B., & Silver, T. (2014). The effects of consuming a high protein diet (4.4 g/kg/d) on body composition in resistance-trained individuals. *Journal of the International Society of Sports Nutrition*, 11(1), 19.

[13] Li, J., Armstrong, C., & Campbell, W. (2016). Effects of dietary protein source and quantity during weight loss on appetite, energy expenditure, and cardio-metabolic responses. *Nutrients*, 8(2), 63.

[14] Leidy, H.J., Clifton, P.M., Astrup, A., Wycherley, T.P., Westerterp-Plantenga, M.S., Luscombe-Marsh,

N.D... . & Mattes, S. (2015). The role of protein in weight loss and maintenance. *The American Journal of Clinical Nutrition*, 101(6), 1320S–1329S.

[15] Atallah, R., Filion, K.B., Wakil, S.M., Genest, J., Joseph, L., Poirier, P., ... Eisenberg, M.J. (2014). Long-term effects of 4 popular diets on weight loss and cardiovascular risk factors: A systematic review of randomized controlled trials. *Circulation: Cardiovascular Quality and Outcomes*, 7(6), 815–827.

[16] Kosinski, C., & Jornayvaz, F. (2017). Effects of ketogenic diets on cardiovascular risk factors: evidence from animal and human studies. *Nutrients*, 9(6), 517.

[17] Eyres, L., Eyres, M.F., Chisholm, A., & Brown, R.C. (2016). Coconut oil consumption and cardiovascular risk factors in humans. *Nutrition Reviews*, 74(4), 267–280.

[18] Hruby, A., & Hu, F.B. (2016). Saturated fat and heart disease: The latest evidence. *Lipid Technology*, 28(1), 7–12.

[19] Nettleton, J.A., Brouwer, I.A., Geleijnse, J.M., & Hornstra, G. (2017). Saturated fat consumption and risk of coronary heart disease and ischemic stroke: A science update. *Annals of Nutrition and Metabolism*, 70(1), 26–33.

[20] Wang, X., Lin, X., Ouyang, Y.Y., Liu, J., Zhao, G., Pan, A., & Hu, F.B. (2015). Red and processed meat consumption and mortality: dose-response meta-analysis of prospective cohort studies. *Public Health Nutrition*, 19(05), 893–905.

[21] Domingo, J.L., & Nadal, M. (2017). Carcinogenicity of consumption of red meat and processed meat: A review of scientific news since the IARC decision. *Food and Chemical Toxicology*, 105, 256–261.

[22] Clegg, M.E. (2017). They say coconut oil can aid weight loss, but can it really? *European Journal of Clinical Nutrition*, 71(10), 1139–1143.

[23] Mumme, K., & Stonehouse, W. (2015). Effects of medium-chain triglycerides on weight loss and body composition: A meta-analysis of randomized controlled trials. *Journal of the Academy of Nutrition and Dietetics*, 115(2), 249–263.

[24] Bueno, N.B., Melo, I.V., Florêncio, T.T., & Sawaya, A.L. (2015). Dietary medium-chain triacylglycerols versus long-chain triacylglycerols for body composition in adults: Systematic review and meta-analysis of randomized controlled trials. *Journal of the American College of Nutrition*, 34(2), 175–183.

[25] Dinicolantonio, J.J. (2014). The cardiometabolic consequences of replacing saturated fats with carbohydrates or \gV\–6 polyunsaturated fats: Do the dietary guidelines have it wrong? *Open Heart*, 1(1).

[26] Souza, R.J., Mente, A., Maroleanu, A., Cozma, A.I., Ha, V., Kishibe, T., ... Anand, S.S. (2015). Intake of saturated and trans unsaturated fatty acids and risk of all cause mortality, cardiovascular disease, and type 2 diabetes: Systematic review and meta-analysis of observational studies. *Bmj*, 351.

[27] Wang, D.D., Li, Y., Chiuve, S.E., Stampfer, M.J., Manson, J.E., Rimm, E.B., ... Hu, F.B. (2016). Association of specific dietary fats with total and cause-specific mortality. *JAMA Internal Medicine*, 176(8), 1134.

[28] Jakobsen, M.U., Dethlefsen, C., Joensen, A.M., Stegger, J., Tjønneland, A., Schmidt, E.B., & Overvad, K. (2010). Intake of carbohydrates compared with intake of saturated fatty acids and risk of myocardial infarction; importance of the glycemic index. *American Journal of Clinical Nutrition*, 91(6), 1764–1768.

[29] Briggs, M., Petersen, K., & Kris-Etherton, P. (2017). Saturated fatty acids and cardiovascular disease: replacements for saturated fat to reduce cardiovascular risk. *Healthcare*, 5(2), 29.

[30] Kris-Etherton, P.M., & Fleming, J.A. (2015). Emerging Nutrition Science on Fatty Acids and Cardiovas-

cular Disease: Nutritionists Perspectives. *Advances in Nutrition: An International Review Journal*, 6(3).

[31] Berge, A.F. (2007). How the ideology of low fat conquered America. Journal of the History of Medicine and Allied Sciences, 63(2), 139–177.

[32] Condor, B. (1997, May 8). "Heart-Healthy" label is for sale. *Chicago Tribune*.

[33] National Institute of Diabetes and Digestive and Kidney Diseases. *Overweight and Obesity Statistics*.

[34] Ford, E.S., Ajani, M.B., Croft, J.B., Critchley, J.A., Labarthe, D.R., Kottke, T.E., ... & Capewell, S. (2007). Explaining the decrease in US deaths from coronary disease, 1980–2000. *Survey of Anesthesiology*, 51(6), 326.

[35] Hall, K.D., & Guo, J. (2017). Obesity energetics: body weight regulation and the effects of diet composition. *Gastroenterology*, 152(7).

[36] Nordmann, A.J., Nordmann, A., Briel, M., Keller, U., Yancy, W.S. & Bucher, H.C. (2006). Effects of low-carbohydrate vs. low-fat diets on weight loss and cardiovascular risk factors: A meta-analysis of randomized controlled trials. *Archives of Internal Medicine* (166).

[37] Tobias, D.K., Chen, M., Manson, J.E., Ludwig, D.S., Willett, W., & Hu, F.B. (2015). Effect of low-fat diet interventions versus other diet interventions on long-term weight change in adults: a systematic review and meta-analysis. *The Lancet Diabetes & Endocrinology*, 3(12), 968–979.

[38] Siri-Tarino, P.W., Chiu, S., Bergeron, N., & Krauss, R.M. (2015). Saturated fats versus polyunsaturated fats versus carbohydrates for cardiovascular disease prevention and treatment. *Annual Review of Nutrition*, 35(1), 517–543.

[39] Dinicolantonio, J.J., Lucan, S.C., & O' Keefe, J.H. (2016). The evidence for saturated fat and for sugar related to coronary heart disease. *Progress in Cardiovascular Diseases*, 58(5), 464–472.

[40] Oregon State University, Linus Pauling Institute Micronutrient Information Center. *Essential Fatty Acids*.

[41] Mogensen, K.M. (2017). *Essential Fatty Acid Deficiency*.

[42] Seal, C.J., & Brownlee, I.A. (2015). Whole-grain foods and chronic disease: Evidence from epidemiological and intervention studies. *Proceedings of the Nutrition Society*, 74(03), 313–319.

[43] Kiens, B., & Astrup, A. (2015). Ketogenic diets for fat loss and exercise performance. *Exercise and Sport Sciences Reviews*, 43(3), 109.

[44] Paoli, A., Bianco, A., & Grimaldi, K.A. (2015). The ketogenic diet and sport: A possible marriage? *Exercise and Sport Sciences Reviews*, 43(3), 153–162.

[45] Mcevedy, S.M., Sullivan-Mort, G., Mclean, S.A., Pascoe, M.C., & Paxton, S.J. (2017). Ineffectiveness of commercial weight-loss programs for achieving modest but meaningful weight loss: Systematic review and meta-analysis. *Journal of Health Psychology*, 22(12), 1614–1627.

[46] Finkelstein, E.A., & Kruger, E. (2014). Meta- and cost-effectiveness analysis of commercial weight loss strategies. *Obesity*, 22(9), 1942–1951.

[47] Gudzune, K.A., Doshi, R.S., Mehta, A.K., Chaudhry, Z.W., Jacobs, D.K., Vakil, R.M., ... Clark, J.M. (2015). Efficacy of Commercial Weight-Loss Programs. *Annals of Internal Medicine*, 162(7), 501.

[48] Fenton, K.L. (2017). Unpacking the sustainability of meal kit delivery: A comparative analysis of energy use, carbon emissions, and related costs for meal kit services and grocery stores. *University of Texas at Austin Texas ScholarWorks*.

[49] Bennett, W.L., & Appel, L.J. (2015). Vegetarian diets for weight loss: How strong is the evidence?

Journal of General Internal Medicine, 31(1), 9–10.

[50] Turner-McGrievy, G., Mandes, T., & Crimarco, A. (2017). A plant-based diet for overweight and obesity prevention and treatment. *Journal of Geriatric Cardiology*, 14(5), 369–374.

[51] Gibson, A.A., Seimon, R.V., Lee, C.M., Ayre, J., Franklin, J., Markovic, T.P., & Sainsbury, A. (2014). Do ketogenic diets really suppress appetite? A systematic review and metaanalysis. *Obesity Reviews*, 16(1), 64–76.

[52] Emadian, A., Andrews, R.C., England, C.Y., Wallace, V., & Thompson, J.L. (2015). The effect of macronutrients on glycaemic control: A systematic review of dietary randomised controlled trials in overweight and obese adults with type 2 diabetes in which there was no difference in weight loss between treatment groups. *British Journal of Nutrition*, 114(10), 1656–1666.

[53] Brownlee, I.A., Chater, P.I., Pearson, J.P., & Wilcox, M.D. (2017). Dietary fibre and weight loss: Where are we now? *Food Hydrocolloids*, 68, 186–191.

[54] Huang, R.Y., Huang, C.C., Hu, F.B., & Chavarro, J.E. (2016). Vegetarian diets and weight reduction: A meta-analysis of randomized controlled trials. *Journal of General Internal Medicine*, 31(1), 109–166.

[55] Cook, A. (2000). The problem of accuracy in dietary surveys. Analysis of the over 65 UK National Diet and Nutrition Survey. *Journal of Epidemiology & Community Health*, 54(8), 611–616.

[56] Archer, E., Hand, G.A., & Blair, S.N. (2013). Validity of U.S. nutritional surveillance: National health and nutrition examination survey caloric energy intake data, 1971–2010. *PLOS ONE*, 8(10).

[57] Dinu, M., Abbate, R., Gensini, G.F., Casini, A., & Sofi, F. (2016). Vegetarian, vegan diets and multiple health outcomes: A systematic review with meta-analysis of observational studies. *Critical Reviews in Food Science and Nutrition*, 57(17), 3640–3649.

[58] Kim, H., Caulfield, L.E., & Rebholz, C.M. (2018). Healthy plant-based diets are associated with lower risk of all-cause mortality in US adults. *The Journal of Nutrition*, 148(4), 624–631.

[59] Song, M., Fung, T.T., Hu, F.B., Willett, W.C., Longo, V.D., Chan, A.T., & Giovannucci, E.L. (2016). Association of animal and plant protein intake with all-cause and causespecific mortality. *JAMA Internal Medicine*, 176(10), 1453.

[60] Craddock, J.C., Probst, Y.C., & Peoples, G.E. (2016). Vegetarian and omnivorous nutrition—Comparing physical performance. *Human Kinetics Journals*, 26(3), 212–220.

[61] Lopez, P.D., Cativo, E.H., Atlas, S.A., & Rosendorff, C. (2019). The effect of vegan diets on blood pressure in adults: A meta-analysis of randomized controlled trials. *The American Journal of Medicine*, 132(7), 875–883. e7.

[62] Melina, V., Craig, W., & Levin, S. (2016). Position of the Academy of Nutrition and Dietetics: Vegetarian diets. *Journal of the Academy of Nutrition and Dietetics*, 116(12), 1970–1980.

[63] Richter, M., Boeing, H., Grünewald-Funk, D., Heseker, H., Kroke, A., Leschik-Bonnet, E., ... Watzl, B. (2016). Vegan diets. *Ernahrungs Umschau* 63(4): 92–102. Erratum in: 63(5): M262.

[64] Agnoli, C., Baroni, L., Bertini, I., Ciappellano, S., Fabbri, A., Papa, M., ... Sieri, S. (2017). Position paper on vegetarian diets of the Italian Society of Human Nutrition. *Nutrition, Metabolism, and Cardiovascular Diseases*, 27(12), 1037–1052.

[65] Tan, C., Zhao, Y., & Wang, S. (2018). Is a vegetarian diet safe to follow during pregnancy? A systematic review and meta-analysis of observational studies. *Critical Reviews in Food Science and Nutrition*.

[66] Piccoli, G.B., Clari, R., Vigotti, F.N., Leone, F., Attini, R., Cabiddu, G., ... Avagnina, P. (2015). Vegan-vegetarian diets in pregnancy: danger or panacea? A systematic narrative review. *BJOG*, 122(5), 623–633.

[67] Nieman, D.C. (1999). Physical fitness and vegetarian diets: Is there a relation? *American Journal of Clinical Nutrition*, 70(3 Suppl), 570S–575S.

[68] Hanne, N., Dlin, R., & Rotstein, A. (1986). Physical fitness, anthropometric and metabolic parameters in vegetarian athletes. *Journal of Sports Medicine and Physical Fitness*, 26(2), 180–185.

[69] Campbell, W.W., Barton, M.L., Cyr-Campbell, D., Davey, S.L., Beard, J.L., Parise, G., & Evans, W.J. (1999). Effects of an omnivorous diet compared with a lactoovovegetarian diet on resistance-training-induced changes in body composition and skeletal muscle in older men. *American Journal of Clinical Nutrition*. 70(6), 1032–1039.

[70] Haub, M.D., Wells, A.M., Tarnopolsky, M.A., & Campbell, W.W. (2002). Effect of protein source on resistive-training-induced changes in body composition and muscle size in older men. *American Journal of Clinical Nutrition*, 76(3), 511–517.

[71] Koebnick, C., Strassner, C., Hoffmann, I., & Leitzmann, C. (1999). Consequences of a long-term raw food diet on body weight and menstruation: Results of a questionnaire study. *Annals of Nutrition & Metabolism*, 43, 69–79.

[72] Groopman, E.E., Carmody, R.N., & Wrangham, R.W. (2015). Cooking increases net energy gain from a lipid-rich food. *American Journal of Physical Anthropology*, 156(1), 11–18.

[73] Carmody, R.N., Weintraub, G.S., & Wrangham, R.W. (2011). Energetic consequences of thermal and nonthermal food processing. *Proceedings of the National Academy of Sciences of the United States of America*, 108(48), 19199–19203.

[74] Garcia, A.L., Koebnick, C., Dagnelie, P.C., Strassner, C., Elmadfa, I., Katz, N., ... Hoffman, I. (2008). Long-term strict raw food diet is associated with favourable plasma and low plasma lycopene in Germans. *British Journal of Nutrition*, 99(6), 1293–1300.

[75] Cunningham, E. (2004). What is a raw foods diet and are there any risks or benefits associated with it? *Journal of the Academy of Nutrition and Dietetics*, 104(10), 1623.

[76] Miglio, C., Chiavaro, E., Visconti, A., Fogliano, V., & Pellegrini, N. (2008). Effects of different cooking methods on nutritional and physicochemical characteristics of selected vegetables. *Journal of Agriculture and Food Chemistry*, 56(1), 139–147.

[77] Fabbri, A.D.T., Crosby, G.A. (2016). A review of the impact of preparation and cooking on the nutritional quality of vegetables and legumes. *International Journal of Gastronomy and Food Science*, 3, 2–11.

[78] Fontana, L., Shew, J.L., & Holloszy, J.O. (2005). Low bone mass in subjects on a longterm raw vegetarian diet. *JAMA Internal Medicine*, 165(6), 684–689.

[79] Minihane, A.M., Vinoy, S., Russell, W.R., Baka, A., Roche, H.M., Tuohy, K.M., ... Calder, P. (2015). Low-grade inflammation, diet composition, and health: Current research evidence and its translation. *British Journal of Nutrition*, 114, 999–1012.

[80] Misiak, B., Leszek, J., & Kiejna, A. (2012). Metabolic syndrome, mild cognitive impairment and Alzheimer's disease—The emerging role of systemic low-grade inflammation and adiposity. *Brain Research Bulletin*, 89(3–4), 144–149.

[81] Ruiz-Nuñez, B., Pruimboom, L., Janneke Dijck-Brouwer, D.A., & Muskiet, F.A.J. (2013). Lifestyle and nutritional imbalances associated with Western diseases: Causes and consequences of chronic systemic

low-grade inflammation in an evolutionary context. *The Journal of Nutritional Biochemistry*, 24(7), 1183–1201.

[82] Harris, L., Hamilton, S., Azevedo, L.B., Olajide, J., De Brún, C., Waller, G., ... Ells, L. (2018). Intermittent fasting interventions for treatment of overweight and obesity in adults: A systematic review and meta-analysis. *JBI Database of Systematic Reviews and Implementation Reports*, 16(2), 507–547.

[83] Varady, K.A. (2011). Intermittent vs. daily caloric restriction: Which diet regimen is more effective for weight loss? *Obesity Reviews*, 12(7), E593–E601.

[84] Anton, S.D., Moehl, K., Donahoo, W.T., Marosi, K., Lee, S.A., Mainous, A.G., Leeuwenburgh, C., & Mattson, M.P. (2017). Flipping the metabolic switch: Understanding and applying the health benefits of fasting. *Obesity*, 26(2), 254–268.

[85] Golbidi, S., Daiber, A., Korac, B., Li, H., Essop, M.F., & Laher, I. (2017). Health benefits of fasting and caloric restriction. *Current Diabetes Reports*, 17(123).

[86] Levy, E., & Chu, T. (2019). Intermittent fasting and its effects on athletic performance: A review. *Current Sports Medicine Reports*, 18(7), 266–269.

[87] Statista. Gluten-free and free-from food retail sales in the United States from 2006 to 2020 (in billion U.S. dollars). Retrieved November 21, 2019.

[88] Topper, A. Non-celiacs Drive Gluten-Free Market Growth. Mintel Group Ltd. Web. Retrieved November 21, 2019.

[89] Kim, H-S, Demyen, M.S., Mathew, J., Kothari, N., Feurdean, M., & Ahlawat, S.K. (2017). Obesity, metabolic syndrome and cardiovascular risk in gluten-free followers without celiac disease in the United States: results from the National Health and Nutrition Examination Survey 2009–2014. *Digestive Diseases and Sciences*, 62(9), 2440–2448.

[90] Niland, B., & Cash, B.D. (2018). Health benefits and adverse effects of a gluten-free diet in non-celiac disease patients. *Gastroenterology & Hepatology*, 14(2), 82–91.

[91] Lebwohl, B., Cao, Y., Zong, G., Hu, F., Green, P.H.R., Neugut, A.I., ... Chan, A.T. Long term gluten consumption in adults without celiac disease and risk of coronary heart disease: prospective cohort study. (2017). *BMJ*, 357(j1892).

[92] Liu, P.H., Lebwohl, B., Burke, K.E., Ivey, K.L., Ananthakrishnan, A.N., Lochhead, P., ... Khalili, H. (2019) Dietary gluten intake and risk of microscopic colitis among US women without celiac disease: A prospective cohort study. *Gastroenterology*, 114(1), 127–134.

[93] Zong, G., Lebwohl, B., Hu, F.B., Sampson, L., Doughtery, L.W., Willett, W.C., ... Sun, Q. (2018). Gluten intake and risk of type 2 diabetes in three large prospective cohort studies of US men and women. *Diabetologia*, 61(10), 2164–2173.

[94] Um, C.Y., Campbell, P.T., Carter, B., Wang, Y., Gapstur, S.M., & McCullough, M.L. (2019). Association between grains, gluten, and the risk of colorectal cancer in the cancer prevention study-II nutrition cohort. *European Journal of Nutrition*, epub ahead of print.

[95] Vici, G., Belli, L., Biondi, M., & Polzonetti, V. (2016). Gluten free diet and nutrient deficiencies: A review. *Clinical Nutrition*, 35, 1236–1241.

[96] Cusack, L., De Buck, E., Compernolle, V., & Vandekerckhove, P. (2013). Blood type diets lack supporting evidence: A systematic review. *The American Journal of Clinical Nutrition*, 98(1), 99–104.

[97] Wang, J., García-Bailo, B., Nielsen, D.E., & El-Sohemy, A. (2014). ABO genotype, "Blood-Type" diet

and cardiometabolic risk factors. *PLOS One.*

[98] Wang, J., Jamnik, J., García-Bailo, B., Nielsen, D.E, Kenkins, D.J.A., & El-Sohemy, A. (2018). ABO genotype does not modify the association between the "Blood-Type" diet and biomarkers of cardio-metabolic disease in overweight adults. *The Journal of Nutrition*, 148(4), 518–525.

[99] Mackie, G.M., Samocha-Bonet, D., & Tam, C.S. (2017). Does weight cycling promote obesity and metabolic risk factors? *Obesity Research & Clinical Practice*, 11(2), 131–139.

[100] Rothblum, E.D. (2018). Slim chance for permanent weight loss. *Archives of Scientific Psychology*, 6(1), 63–69.

[101] Klein, A.V., & Kiat, H. (2014). Detox diets for toxin elimination and weight management: A critical review of the evidence. *Journal of Human Nutrition and Dietetics.*

[102] Mancini, J.G., Filion, K.B., Atallah, R., & Eisenberg, M.J. (2016). Systematic review of the Mediter-ranean diet for long-term weight loss. *The American Journal of Medicine*, 129(4), 407–415. e4.

[103] Esposito, K., Kastorini, C.M., Panagiotakos, D.B., & Giugliano, D. (2011). Mediterranean diet and weight loss: Meta-analysis of randomized controlled trials. *Metabolic Syndrome and Related Disorders*, 9(1), 1–12.

[104] Huo, R., Du, T., Xu, W., Chen, X., Sun, K., & Yu, X. (2015). Effects of Mediterranean-style diet on glycemic control, weight loss, and cardiovascular risk factors among type 2 diabetes individuals: A meta-analysis. *European Journal of Clinical Nutrition*, 69(11), 1200–1208.

[105] Castro-Barquero, S., Lamuela-Raventós, R.M., Doménech, M., & Estruch, R. (2018). Relationship between Mediterranean dietary polyphenol intake and obesity. *Nutrients*, 10(10), 1523.

[106] Passos de Jesus, R., Mota, J.F., González-Muniesa, P., Linetzky Waitzberg, D., Marques Telles, M., & Amador Bueno, A. (2018). Plant polyphenols in obesity and obesityrelated metabolic disorders: A narrative review of resveratrol and flavonoids upon the molecular basis of inflammation. *Journal of Obesity and Nutritional Disorders.*

[107] Aragon, A.A., & Schoenfeld, B.J. (2013). Nutrient timing revisited: Is there a post-exercise anabolic window? *Journal of the International Society of Sports Nutrition*, 10(5).

[108] Schoenfeld, B.J., Aragon, A.A., & Krieger, J.W. (2015). Effects of meal frequency on weight loss and body composition: A meta-analysis. *Nutrition Reviews*, 73(2), 69–82.

[109] Perrigue, M.M., Drewnowski, A., Wang, C.Y., & Neuhouser, M.L. (2015). Higher eating frequency does not increase appetite in healthy adults. *The Journal of Nutrition*, 146(1), 59–64.

[110] Minerals in Himalayan pink salt: Spectral analysis. Retrieved December 26, 2019.

[111] Drake, S.L., & Drake, M.A. (2010). Comparison of salty taste and time intensity of sea and land salts from around the world. *Journal of Sensory Studies*, 26(1).

[112] National Institutes of Health Office of Dietary Supplements: Calcium Fact Sheet for Health Professionals. Retrieved December 26, 2019.

[113] National Institutes of Health Office of Dietary Supplements: Iodine Fact Sheet for Health Professionals. Retrieved December 26, 2019.

[114] Vigar, V., Myers, S., Oliver, C., Arellano, J., Robinson, S., & Leifert, C. (2019). A systematic review of organic versus conventional food consumption: Is there a measurable benefit on human health? *Nutrients*, 12(1), 7.

[115] Electronic Code of Federal Regulations. Retrieved December 27, 2019.

[116] Formal Recommendation From: National Organic Standards Board (NOSB) To: The National Organic Program (NOP). Retrieved December 27, 2019.

[117] World Health Organization. WHO answers questions on genetically modified foods. Retrieved December 27, 2019.

[118] National Academies of Sciences, Engineering, and Medicine. (2016). Report: Genetically engineered crops: Experiences and Prospects. Retrieved December 27, 2019.

[119] Hilbeck, A., Binimelis, R., Defarge, N., Steinbrecher, R., Székács, A., Wickson, F., ... Wynne, B. (2015). No scientific consensus on GMO safety. *Environmental Sciences Europe*, 27(4).

[120] Wallace, T., Murray, R., & Zelman, K.M. (2016). The nutritional value and health benefits of chickpeas and hummus. *Nutrients*, 8(12), 766.

[121] Rebello, C.J., Greenway, F.L., & Finley, J.W. (2014). A review of the nutritional value of legumes and their effects on obesity and its related co-morbidities. *Obesity Reviews*, 15(5), 392–407.

[122] Sharma, S.P., Chung, H.J., Kim, H.J., & Hong, S.T. (2016). Paradoxical effects of fruit on obesity. *Nutrients*, 8(10), 633.

[123] Smith, J., & Wang, F. (2017). Joint pain: An update. *Science Insights*, 2017, e00021.

[124] Landrier, J-F., Tourniaire, F., Fenni, S., Desmarchelier, C., & Borel, P. (2017). Tomatoes and lycopene: Inflammatory modulator effects. Boca Raton, FL: CRC Press.

[125] Borch, D., Juul-Hindsgaul, N., Veller, M., Astrup, A., Jaskolowski, J., & Raben, A. Potatoes and risk of obesity, type 2 diabetes, and cardiovascular disease in apparently healthy adults: A systematic review of intervention and observational studies. (2016). *The American Journal of Clinical Nutrition*, 104(2), 489–498.

[126] USDA FoodData Central. Potatoes, flesh and skin, raw. Retrieved January 2, 2020.

[127] Khoo, H.E., Azlan, A., Tang, S.T., & Lim, S.M. (2017). Anthocyanidins and anthocyanins: colored pigments as food, pharmaceutical ingredients, and the potential health benefits. *Food & Nutrition Research*, 61(1).

[128] Georgescu, S-R., Sârbu, M-I, Matei, C., Ilie, M.A., Caruntu, C., Constantin, C,, Neagu, M,, & Tampa, M (2017). Capsaicin: Friend or foe in skin cancer and other related malignancies? *Nutrients*, 9(12).

[129] Kumar, S., Verma, A.K., Das, M., Jain, S.K., & Dwivedi, P.D. (2013). Clinical complications of kidney bean consumption. *Nutrition*, 29. 821–827.

[130] Gemede, H.F., & Ratta, N. (2014). Antinutritional factors in plant foods: Potential health benefits and adverse effects. *International Journal of Nutrition and Food Sciences*, 3(4), 284–289.

[131] Lal, N., Barcchiya, J., Raypuriya, N., & Shiurkar, G. (2017). Anti-nutrition in legumes: effect in human health and its elimination. *Innovative Farming*, 2(1), 32–36.

[132] Suárez-Martínez, S.E., Ferriz-Martínez, R.A., Campos-Vega, R., Elton-Puente, J.E., de la Torre Carbot, K., & García-Gasca, T. (2016). Bean seeds: leading nutraceutical source for human health. *CyTA-Journal of Food*, 14(1).

[133] Habs, M., Binder, K., Krauss, S., Müller, K., Ernst, B., Valentini, L., & Koller, M. (2017). A balanced risk-benefit analysis to determine human risks associated with pyrrolizidine alkaloids (PA)—The case of tea and herbal infusions. *Nutrients*, 9(7).

[134] Richard, T., Temsamani, H., Cantos-Villar, E., & Monti, J-P. (2013). Chapter two- Application of LC-MS and LC-NMR techniques for secondary metabolite identification. *Advances in Botanical Research*, 67–98.

[135] Ruxton, C.H.S. (2008). The impact of caffeine on mood, cognitive function, performance, and hydration: A review of benefits and risks. *Nutrition Bulletin*, 33(1), 15–25.

[136] Irshad, M., Asgher, M., Bhatti, K.H., Zafar, M., & Anwar, Z. (2017). Anticancer and neutraceutical potentialities of phystase/phytate. *International Journal of Pharmacology*, 13(7), 808–817.

[137] van Buul, V.J., & Brouns, F.J.P.H. (2014). Health effects of wheat lectins: A review. *Journal of Cereal Science*, 59(2), 112–117.

[138] Smeriglio, A., Barreca, D., Bellocco, E., & Trombetta, D. (2016). Proanthocyadins and hydrolysable tannins: occurrence, dietary intake, and pharmacological effects. *British Journal of Pharmacology*, 174(11), 1244–1262.

[139] Fernandes, A.C., Nishida, W., & Da Costa Proença, R.P. (2010). Influence of soaking on the nutritional quality of common beans (Phaseolus vulgaris L.) cooked with or without the soaking water: A review. *Food Science & Technology*, 45(11), 2209–2218.

[140] Singh, A.K., Rehal, J., Kaur, A., & Jyot, G. (2015). Enhancement of attributes of cereals by germination and fermentation: A review. *Critical Reviews in Food Science and Nutrition*. 11, 1575–1589.

[141] Haileslassie, H.A., Henry, C.J., & Tyler, R.T. (2016). Impact of household food processing strategies on antinutrient (phytate, tannin, and polyphenol) contents of chickpeas (Cicer arietinum L.) and beans (Phaseolus vulgaris L.): A review. *Food Science & Technology*, 51(9), 1947–1957.

[142] Chai, W., & Liebman, M. (2005). Effect of different cooking methods on vegetable oxalate content. *Journal of Agricultural and Food Chemistry*, 53(8), 3027–3030.

[143] Hamm, L.L., Nakhoul, N., & Hering-Smith, K.S. (2015). Acid-base homeostasis. *Clinical Journal of the American Society of Nephrology*, 10(12), 2232–2242.

[144] Schwalfenberg, G.K. (2012). The alkaline diet: Is there evidence that an alkaline pH diet benefits health? *Journal of Environmental and Public Health*, 2012, 727630.

[145] Fenton, T.R., Tough, S.C., Lyon, A.W., Eliasziw, M., & Hanley, D.A. (2011). Causal assessment of dietary acid load and bone disease: A systematic review & meta-analysis applying Hill's epidemiologic criteria for causality. *Nutrition Journal*, 10(41).

[146] Fenton, T.R., & Huang, T. (2016). Systematic review of the association between dietary acid load, alkaline water, and cancer. *BMJ Open*, 6, e010438.

[147] Passey, C. (2017). Reducing the dietary acid load: How a more alkaline diet benefits patients with chronic kidney disease. *Journal of Renal Nutrition*, 27(3), 151–160.

[148] Angéloco, L.R.N., Arces de Souza, G.C., Romão, E.A., & Chiarello, P.A. (2018). Alkaline diet and metabolic acidosis: Practical approaches to the nutritional management of chronic kidney disease. *Journal of Renal Nutrition*, 28(3), 215–220.

[149] Zahara, Y., & Parvin, M. (2018). Alkaline diet: A novel nutritional strategy in chronic kidney disease? *Iranian Journal of Kidney Diseases*, 12(4), 204–208.

[150] Kalantar-Zadeh, K., & Moore, L.W. (2019). Does kidney longevity mean healthy vegan food and less meat or is any low-protein diet good enough? *Journal of Renal Nutrition*, 29(2), 79–91.

[151] Moellering, R.E., Black, K.C., Krishnamurty, C., Baggett, B.K., Stafford, P., Rain, M., ... Gillies, R.J. (2008). Acid treatment of melanoma cells selects for invasive phenotypes. *Clinical & Experimental Metastasis*, 25(4), 411–425.

[152] Martínez-Zaguilán, R., Seftor, E.A., Seftor, R.E., Chu, Y.W., Gillies, R.J., & Hendrix, M.J. (1996). Acidic

pH enhances the invasive behavior of human melanoma cells. *Clinical & Experimental Metastasis*, 14(2), 176–186.

[153] Magro, M., Corain, L., Ferro, S., Baratella, D., Bonaluto, E., Terzo, M., ... Vianello, F. (2016). Alkaline water and longevity: A murine study. *Evidence-based Complementary and Alternative Medicine*, 1–6.

[154] Weidman, J., Holsworth Jr., R.E., Brossman, B., Cho, D., St. Cyr, J., & Fridman, G. (2016). Effect of electrolyzed high-pH alkaline water on blood viscosity in healthy adults. *Journal of the International Society of Sports Nutrition*, 13(45).

[155] Yan, H., Kashiwaki, T., Hamasaki, T., Kinjo, T., Teruya, K., Kabayama, S., & Shirahata, S. (2011). The neuroprotective effects of electrolyzed reduced water and its model water containing molecular hydrogen and Pt nanoparticles. *BMC Proceedings*, 5(8), 69.

[156] Riaz, B., Ikram, R., & Sikandar, B. (2018). Anticataleptic activity of zamzam water in chlorpromazine induced animal model of Parkinson disease. *Pakistan Journal of Pharmaceutical Sciences*, 31(2), 393–397.

[157] Wang, Y. (2001). Preliminary observation on changes of blood pressure, blood sugar, and blood lipids after using alkaline ionized drinking water. *Shanghai Journal of Preventative Medicine*, 2001(12).

[158] Jin, D., Ryu, S.H., Kim, H.W., Yang, E.J., Lim, S.J., Ryang, Y.S., Chung, C.H., Psark, S.K., & Lee, K.J. (2006). Anti-diabetic effect of alkaline-reduced water on OLETF rats. *Bioscience, Biotechnology, and Biochemistry*, 70(1), 31–37.

[159] Koufman, J.A., & Johnston, N. (2012). Potential benefits of pH 8.8 alkaline drinking water as an adjunct in the treatment of reflux disease. *Annals of Otology, Rhinology, & Laryngology*, 121(7), 431–434.

[160] Verheggen, R.J.H.M., Maessen, M.F.H., Green, D.J., Hermus, A.R.M.M., Hopman, M.T.E., & Thijssen, D.H.T. (2016). A systematic review and meta-analysis on the effects of exercise training versus hypocaloric diet: distinct effects on body weight and visceral adipose tissue. *Obesity Reviews*, 17(8), 664–690.

[161] Wewege, M., van den Berg, R., Ward, R.E., & Keech, A. (2017). The effects of high-intensity interval training vs. moderate-intensity continuous training on body composition in overweight and obese adults: a systematic review and meta-analysis. *Obesity Reviews*, 18(6), 635–646.

[162] Viana, R., Naves, J.P., Coswig, V., & de Lira, C.A.B. (2019). Is interval training the magic bullet for fat loss? A systematic review and meta-analysis comparing moderate-intensity continuous training with high-intensity interval training (HIIT). *British Journal of Sports Medicine*, 53(10).

[163] Said, M.A., Abdelmoneem, M., Almaqhawi, A., Kotob, A.A.H., Alibrahim, M.C., & Bougmiza, I. (2018). Multidisciplinary approach to obesity: Aerobic or resistance physical exercise? *Journal of Exercise Science & Fitness*, 16(3), 118–123.

[164] Willis, L.H., Slentz, C.A., Bateman, L.A., Shields, T.S., Piner, L.W., Bales, C.W., ... Kraus, W.E. (2012). Effects of aerobic and/or resistance training on body mass and fat mass in overweight or obese adults. *Journal of Applied Physiology*, 113(12), 1831–1837.

[165] Ismael, I., Keating, S.E., Baker, M.K., & Johnson, M.A. (2012). A systematic review and meta-analysis of the effect of aerobic vs. resistance exercise training on visceral fat. *Obesity Reviews*, 13(1), 68–91.

[166] Shuster, A., Patlas, M., Pinthus, J.H., & Mourtzakis, M. (2012). The clinical importance of visceral adiposity: A critical review of methods for visceral adipose tissue analysis. *British Journal of Radiology*, 85(1009), 1–10.

[167] Villareal, D.T., Aguirre, L., Gurney, A.B., Waters, D.L., Sinacore, D.R., Colombo, E., ... Qualls, C. (2017). Aerobic or resistance exercise, or both, in dieting obese older adults. *New England Journal of*

Medicine, 376, 1943–1955.

[168] Institute of Medicine (US) Subcomittee on Military Weight Management. (2004). *Weight management: State of the Science and Opportunities for Military Programs*. Washington, DC: National Academics Press.

[169] Balaskas, P., & Jackson, M.E. (2018). Genetics and epigenetics in the aetiology of obesity. In John Wiley & Sons, Ltd. (Eds.). *Advanced Nutrition and Dietetics in Obesity*, 87–95.

[170] Rao, K.R., Lal, N., & Giridharan, N.V. (2014). Genetic & epigenetic approach to human obesity. *The Indian Journal of Medical Research*, 140(5), 589–603.

[171] Willer, C.J., Speliotes, E.K., Loos, R., ... & Hirschhorn, J.N. (2009). Six new loci associated with body mass index highlight a neuronal influence on body weight regulation. *Nature Genetics*, 41(1), 25–34.

[172] Haupt, A., Thamer, C., Staiger, H., Tschritter, O., Kirchhoff, K., Machicao, F., Häring, H.U., Stefan, N., & Fritsche, A. (2009). Variation in the FTO gene influences food intake but not energy expenditure. *Experimental and Clinical Endocrinology & Diabetes*, 117(4), 194–197.

[173] Leeners, B., Geary, N., Tobler, P.N., & Asarian, L. (2017). Ovarian hormones and obesity. *Human Reproduction Update*, 23(3), 300–321.

[174] Karvonen-Gutierrez, C., & Kim, C. (2016). Association of mid-life changes in body size, body composition, and obesity status with the menopausal transition. *Healthcare*, 4(3), 42.

[175] Kapoor, E., Collazo-Clavell, M.L., & Faubion, S.S. (2017). Weight gain in women at midlife: A concise review of the pathophysiology and strategies for management. *Mayo Clinic Proceedings*, 92(10), 1552–1558.

[176] Lee, J., Han, Y., Cho, H.H., & Kim, M. (2019). Sleep disorders and menopause. *Journal of Menopausal Medicine*, 25(2), 83–87.

[177] Prinz, P. (2004). Sleep, appetite, and obesity—What's the link? *PLoS Medicine*, 1(3), e61.

[178] de Villiers, T.J., Hall, J.E., Pinkerton, J.V., Cerdas Pérez, S., Rees, M., Yang, C., & Pierroz, D.D. (2016). Revised global consensus statement on menopausal hormone therapy. *Climacteric*, 19(4), 313–315, 153–155.

[179] Li, S., Zhao, J.H., Luan, J., Ekelund, U., Luben, R.N., Khaw, K.T., Wareham, N.J., & Loos, R.J.F. (2010). Physical activity attenuates the genetic predisposition to obesity in 20,000 men and women from EPIC-Norfolk prospective population study. *PLoS Medicine*, 7(8), e1000332.

[180] West, N., Dorling, J., Thackray, A.E., Hanson, N.C., Decombel, S.E., Stensel, D.J., & Grice, S.J. (2018). Effect of obesity-linked FTO rs9939609 variant on physical activity and dietary patterns in physically active men and women. *Journal of Obesity*, 2018.

[181] McQueen, M.A. (2009). Exercise aspects of obesity treatment. *The Ochsner Journal*, 9(3), 140–143.

[182] Bray, G.A., Frühbeck, G., Ryan, D.H., & Wilding, J.P.H. (2016). Management of obesity. *The Lancet*, 387(10031), 1947–1956.

[183] Westwater, M.L., Fletcher, P.C., & Ziauddeen, H. (2016). Sugar addiction: The state of the science. *European Journal of Nutrition*, 55(Suppl. 2), 55–69.

[184] Dinicolantonio, J., O'Keefe, J., & Wilson, W. (2017). Sugar addition: Is it real? A narrative review. *British Journal of Sports Medicine*, 52(14).

[185] Murphy, M.H., Lahart, I., Carlin, I., & Murtagh, E. (2019). The effects of continuous compared to accumulated exercise on health: A meta-analytic review. *Sports Medicine*, 49(10), 1585–1607.

[186] Müller, M.J., Geisler, C., Heymsfield, S.B., & Bosy-Westphal, A. (2018). Recent advances in understanding body weight homeostasis in humans. *F1000Research*, 7(F100).

[187] Speakman, J.R., Levitsky, D.A., Allison, D.B., Bray, M.S., de Castro, J.M., Clegg, D.J., ... Westerterp-Plantenga, M.S. (2011). Set points, settling points, and some alternative models: Theoretical options to understand how genes and environments combine to regulate body adiposity. *Disease Models & Mechanisms*, 4(6), 733–745.

[188] Mansoubi, M., Pearson, N., Clemes, S.A., Biddle, S.J., Bodicoat, D.H., Tolfrey, K., ... Yates, T. (2015). Energy expenditure during common sitting and standing tasks: examining the 1.5 MET definition of sedentary behavior. *BMC Public Health*, 15, 516.

[189] Sarker, M., & Rahman, M. (2017). Dietary fiber and obesity management- A review. *MedCrave*, 7(3).

[190] Stahl, B.A., Peco, E., Davla, S., Murakami, K., Caicedo Moreno, N.A., van Meyel, D.J., & Keene, A.C. (2018). Sleep and metabolism: Eaat-ing your way to ZZZs. *Current Biology*, 22(19), R1310–R1312.

[191] Tomiyama, A.J. (2018). Stress and obesity. *Annual Review of Psychology*, 70(5), 703–718.

[192] American Psychiatric Association. (2013). *Diagnostic and statistical manual of mental disorders* (5th ed.). Washington, DC.

[193] McCorry, L.K. (2007). Physiology of the autonomic nervous system. *American Journal of Pharmaceutical Education*, 71(4), 78.

[194] Volkow, N.D., Wang, G.J., & Baler, R.D. (2011). Reward, dopamine, and the control of food intake: Implications for obesity. *Trends in Cognitive Sciences*, 15(1), 37–46.

[195] Rosenbaum, M., Sy, M., Paclovich, K., Leibel, R.L., & Hirsch, J. (2008). Leptin reverses weight loss-induced changes in regional neural activity responses to visual stimuli. *The Journal of Clinical Investigation*, 118(7), 2583–2591.

[196] Myers, M.G., Cowley, M.A., & Münzberg, H. (2008). Mechanisms of leptin action and leptin resistance. *Annual Review of Physiology*, 70, 537–556.

[197] Adam, T.C., & Epel, E.S. (2007). Stress, eating and the reward system. *Psychology & Behavior*, 91, 449–458.

[198] Hildebrandt, B.A., Racine, S.E., Burt, A., Neale, M., Boker, S., Sisk, C.L. & Klump, K.L. (2015). The effects of ovarian hormones and emotional eating on changes in weight preoccupation across the menstrual cycle. *The International Journal of Eating Disorders*, 48(5), 477–487.

[199] Ashcroft, J., Semmler, C., Carnell, S., & van Jaarsveld, C.H.M. (2007). Continuity and stability of eating behavior traits in children. *European Journal of Clinical Nutrition*, 62, 985–990.

[200] Bellisle, F. (2009). Assessing various aspects of the motivation to eat that can affect food intake and body weight control. *L Encéphale*, 35(2), 182–185.

[201] Carnell, S., Haworth, C.M.A., & Wardle, J. (2008). Genetic influence on appetite in children. *International Journal of Obesity*, 32, 1468–1473.

[202] Grimm, E.R., & Steinle, N.I. (2011). Genetics of eating behavior: Established and emerging concepts. *Nutrition Reviews*, 69(1), 52–60.

[203] Van Strein, T. (2018). Causes of emotional eating and matched treatment of obesity. *Obesity*, 1.

[204] Höppener, M.M., Larsen, J.K., van Strien, T., Ouwens, M.A., Winkens, L.H.H., & Disinga, R. (2019). Depressive symptons and emotional eating: Mediated by mindfulness? *Mindfulness*, 10(4), 670–678.

[205] Goldbacher, E., La Grotte, C., Komaroff, E., Vander Veur, S., & Foster, G.D. (2015). An initial evaluation

of a weight loss intervention for individuals who engage in emotional eating. *Journal of Behavioral Medicine*, 39, 139–150.

[206] Scott, K.A., Melhorn, S.J., & Sakai, R.R. (2012). Effects of chronic social stress on obesity. *Current Obesity Reports*, 1(1), 16–25.

[207] Paolucci, E.M., Loukov, D., Bowdish, D.M.E., & Heisz, J.J. (2018). Exercise reduces depression and inflammation but intensity matters. *Biological Psychology*, 133, 79–84.

[208] Leach, C.W. (2017). Understanding shame and guilt. In L. Woodyatt, E. Worthington Jr., M. Wenzel, & B. Griffin (Eds.), *Handbook of the psychology of self-forgiveness*. Springer, Cham.

[209] Schoenfeld, B. (2011). Does cardio after an overnight fast maximize fat loss? *Strength and Conditioning Journal*, 33(1), 23–25.

作者简介

梅洛迪·舍恩菲尔德（Melody Schoenfeld），MA，CSCS，一位经过专业认证的私人教练，在许多不同领域拥有超过25年的训练经验。她拥有健康心理学硕士学位，经常就各种健康和健身主题撰写文章和发表演讲。她是位于加利福尼亚州帕萨迪纳市的一个私人训练中心的老板。2019年，她被评为美国国家体能协会（NSCA）年度最佳私人教练。

舍恩菲尔德参加过力量举重和大力士比赛，在力量举重的所有3个举重项目（深蹲、卧推和硬拉）中都保持着州和全国纪录。作为旧时代大力士表演的忠实拥护者，她可以表演一些特技，比如将电话簿和车牌撕成两半，掰弯钢筋、马蹄铁和钉子。她自己出版发行了《你的快乐不满足》（*Pleasure Not Meating You*）。在空闲时间，她会做大量的纯素食，在几个重金属乐队担任主唱，讲一些可怕的笑话。

苏珊·克莱纳（Susan Kleiner），PhD，RD，CNS，FACN，FISSN，是国际著名咨询公司——高运动表现与营养有限责任公司的创始人兼所有者。她是一位富有远见的教育家和激励者，经常在美国和国际上就营养、健康和运动表现等主题发表演讲。她是各种印刷实体、网络和广播媒体中非常受欢迎的专家访谈对象和受邀作家。她撰写了8本书，包括畅销书《新型动力饮食》（*The New Power Eating*）、《好心情饮食》（*The Good Mood Diet*）和《动力食品营养计划》（*The PowerFood Nutrition Plan*）。

克莱纳一直是美国和国际职业运动员和团队的运动表现与营养顾问，包括西雅图风暴队、西雅图统治队、西雅图海鹰队、西雅图水手队、西雅图超音速队、克里夫兰布朗队、克里夫兰骑士队、迈阿密热火队、奥林匹亚队，以及多种运动项目中各个年龄段的精英和非职业运动员的顾问。

她是国际运动营养学会的联合创始人兼研究员，也是美国营养学院的研究员。她还是美国运动医学会和美国国家体能协会的成员。

译者简介

张冰，清华大学体育与健康科学研究中心主任；运动生理学博士，教授、博士生导师。美国印第安纳大学高级访问学者，教育部学位中心博士学位通讯评审和复查评议组专家，中国检验检疫学会卫生检验与检疫专业技术委员会副主任委员。在国内外核心期刊发表论文70余篇；出版专著、教材30余部；主持重大专项课题6项，获得技术专利10项。主要研究方向：智慧健康管理、机能检测与评定、健康管理网络信息化工程等。

熊莹喆，清华大学运动人体科学博士研究生，主要研究方向：运动生理学，运动和饮食对糖脂代谢的影响，体育锻炼的健康促进和疾病防治。在读期间参与完成多项国际合作、国家级以及省部级课题，目前已经发表SCI/SSCI、CSCD、CSSCI期刊论文12篇，其中第一作者7篇。曾获国家级奖学金，荣获校级优秀共产党员，校级优秀学生干部，优秀毕业生等荣誉。